C. DELAVIGNE.

NOUVELLE ÉDITION,
ORNÉE DE GRAVURES.

T. V.

DE L'IMPRIMERIE DE H. FOURNIER,
RUE DE SEINE, N. 14.

HABITATION DE M. C. DE LAVIGNE

THÉATRE
DE M.
C. DELAVIGNE
DE L'ACADÉMIE FRANÇAISE.

NOUVELLE ÉDITION.

TOME QUATRIÈME.

PARIS,
FURNE, LIBRAIRE-ÉDITEUR,
QUAI DES AUGUSTINS, N. 39.
M DCCC XXXV.

LOUIS XI,

TRAGÉDIE EN CINQ ACTES,

REPRÉSENTÉE POUR LA PREMIÈRE FOIS A PARIS, SUR LE THÉATRE FRANÇAIS, LE 11 FÉVRIER 1832.

« . . . . Il y a quatre ou cinq jours que, passant devant la
« maison d'un de mes compagnons, je le voulus visiter : et après avoir
« faict quelques tours dans sa salle, je demande de voir son estude.
« Soudain que nous y sommes entrés, je trouve sur son pulpitre un vieux
« livre ouvert. Je m'enquiers de luy de quoy il traitoit, il me respond
« que c'estoit l'histoire du Roy Louys onzième, que l'on appelloit la
« mesdisante. Je la luy demande d'emprunt, comme celle que je cherchois,
« il y avoit long-temps, sans la pouvoir recouvrer. Il me la preste. Hé !
« vrayement (dy-je lors), je suis amplement satisfaict de la visitation que
« j'ay faicte de vous. Ainsi fussé-je promptement payé de tous ceux qui
« me doivent. J'emporte le livre en ma maison, je le lis et digère avec
« telle diligence que je fais les autres. En un mot, je trouve que c'estoit
« une histoire, en forme de papier journal, faicte d'une main peu indus-
« trieuse, mais diligente et non partiale, qui n'oublioit rien de tout ce
« qui estoit remarquable de son temps. Tellement qu'il me sembla qu'il
« n'y avoit que les mesdisans qui la puissent appeler mesdisante. Appel-
« lez-vous mesdisance en un historiographe, quand il vous estale sur son
« papier la vérité toute nue? Nul n'est blessé que par soy-même. Le
« premier scandale provient de celuy qui faict le mal, et non de celuy qui
« le raconte.

« Je trouve en ce Roy un esprit prompt, remuant et versatile, fin et
« feint en ses entreprises, léger à faire des fautes, qu'il réparoit tout à
« loisir au poids de l'or; prince qui savoit par belles promesses donner la
« musse à ses ennemis, et rompre tout d'une suite, et leurs cholères et
« leurs desseins : impatient de repos, ambitieux le possible, qui se joüoit
« de la justice selon que ses opinions luy commandoyent, et qui pour
« parvenir à son but n'espargnoit rien ny du sang, ni de la bource de ses
« sujets; et ores qu'il fist contenance d'estre plein de religion et de piété,
« si en usoit-il tantost selon la commodité de ses affaires, tantost par une

« superstition admirable : estimant luy estre toutes choses permises, quand
« il s'estoit acquitté de quelque pellerinage. Brief, plein de volontés ab-
« solües, par le moyen desquelles, sans cognoissance de cause, il appoin-
« toit et des-appointoit tels officiers qu'il luy plaisoit : et sur ce mesme
« moule se formoit quelquefois des fadaises et sottises dont il ne vouloit
« estre dédit.

« A manière que se trouvant tous ces mélanges de bien et mal en un
« sujet, ce n'est point sans occasion que ce Roy ayt esté extollé par
« quelques-uns, et par les autres vituperé. Voyla ce que j'ay pu recueillir
« en brief de toutes ses actions.

« Je voy au bout de tout cela un jugement de Dieu, qui courut mira-
« culeusement dessus luy, car tout ainsi que cinq ou six ans auparavant
« son advenement à la couronne, il avoit affligé le Roy son père, et qu'il
« se bannit de la présence de luy, ayant choisi pour sa retraite le duc de
« Bourgogne qui estoit en mauvais mesnage avec nous, aussi sur son vieil
« âge fut-il affligé, non par son fils, ains par soy-mesmes, en la personne
« de son fils, qui n'estoit encores capable pour sa grande jeunesse de rien
« attenter contre l'Estat de son père. Tellement que pour le rendre moins
« habile aux affaires, il ne voulut qu'en son bas âge il fust institué aux
« nobles exercices de l'esprit : et encore le confina au chasteau d'Am-
« boise, l'esloignant en ce qui lui estoit possible de la vue de sa cour.

« Davantage ayant excessivement affligé son peuple en tailles, aydes et
« subsides extraordinaires, et tenu les princes et seigneurs en grandes
« craintes de leurs vies, ainsi que l'oyseau sur la branche. (Car nul ne se
« pouvoit dire assuré, ayant affaire avec un prince infiniment diversifié.)

« Aussi sur le déclin de son âge, commença-t-il à se desfier de tous ses
« principaux sujets, et n'y avoit rien qui l'affligeast tant que la crainte de
« la mort ; faisant ès recommandations de l'Église plus prier pour la con-
« servation de sa vie que de son ame. C'est la plus belle philosophie que
« je rapporte de son histoire. Je dirois volontiers que les historiographes
« se donnent la loy de faire le procès aux princes : mais il faut que je
« passe plus outre et ajoute, que les princes se le font à eux-mesmes.

« Dieu les martelle de mille tintoins qui sont autant de bourreaux en leurs
« consciences. Ce Roy qui avoit faict mourir tant de gens, ainsi que sa
« passion luy en dictoit les mémoires, par l'entremise de Tristan l'hermite,
« luy-mesme estoit son triste prévost, mourant d'une infinité de morts le
« jour avant que de pouvoir mourir, estant entré en une générale des-
« fiance de tout le monde. Ceste-cy est une belle leçon que je souhaite
« estre emprainte aux cœurs des Roys, à fin de leur enseigner de mettre
« frain et modestie en leurs actions. Commines fera son profit de la vie de
« ce Roy pour montrer avec quelle dextérité il sut avoir le dessus de ses
« ennemis : et de moy toute l'utilité que j'en veux rapporter sera, pour
« faire entendre comme Dieu sçait avoir le dessus des Roys quand il veut
« les chastier. Adieu. »

Lettre d'Estienne Pasquier
a M. de Tiard, seigneur de Bissy.

PERSONNAGES.

LOUIS XI.
LE DAUPHIN.
LE DUC DE NEMOURS.
COMMINE.
COITIER, médecin du roi.
FRANÇOIS DE PAULE.
OLIVIER-LE-DAIN.
TRISTAN, grand-prévôt.
MARIE, fille de Commine.
LE COMTE DE LUDE.
LE CARDINAL D'ALBY.
LE COMTE DE DREUX.
LE DUC DE CRAON.
MARCEL, paysan.
MARTHE, sa femme.
RICHARD, \} paysans.
DIDIER,
CRAWFORD.
DEUX ÉCOSSAIS, UN MARCHAND, UN HÉRAUT, UN OFFICIER DE LA CHAMBRE, UN OFFICIER DU CHATEAU, CLERGÉ, CHATELAINES, CHEVALIERS, ETC.

LOUIS XI.

LOUIS XI,

TRAGÉDIE.

ACTE PREMIER.

Une campagne, le château du Plessis au fond; sur le côté, quelques cabanes éparses. Il fait nuit.

SCÈNE I.

TRISTAN, RICHARD, GARDES.

TRISTAN, à Richard.

Ton nom?

RICHARD.

Richard, le pâtre.

TRISTAN.

Arrête : et ta demeure?

RICHARD, montrant sa cabane.

J'en sors.

TRISTAN.

Le roi défend de sortir à cette heure.

RICHARD.

J'allais, pour assister un malade aux abois,
Chercher le desservant de Saint-Martin-des-Bois.

TRISTAN.

Rentre, ou les tiens verront avant la nuit prochaine
La justice du roi suspendue à ce chêne.

RICHARD.

Mon fils...

TRISTAN.

Rentre!

RICHARD.

Il se meurt.

TRISTAN.

Tu résistes, je croi?
Obéis, ou Tristan.....

RICHARD, avec terreur, en regagnant sa cabane.

Dieu conserve le roi!

SCÈNE II.

TRISTAN, GARDES.

UNE VOIX DE L'INTÉRIEUR.

Qui vive?

TRISTAN.

Grand-prévôt!

ACTE I, SCÈNE III.

LA MÊME VOIX.

Garde à vous, sentinelle !
Et vous, archers, à moi !

UN OFFICIER, qui sort du château à la tête de plusieurs soldats.

Le mot d'ordre ?

TRISTAN, à voix basse.

Fidèle !

L'OFFICIER, de même.

France !

(Ils entrent dans le château.)

SCÈNE III.

COMMINE, seul.

(Il tient un rouleau de parchemin, et vient s'asseoir au pied d'un chêne. — Le jour commence.

Reposons-nous sous cet ombrage épais ;
Ce travail a besoin de mystère et de paix.
Calme heureux ! aucun bruit ne frappe mon oreille,
Hors le chant des oiseaux que la lumière éveille,
Et le cri vigilant du soldat écossais
Qui défend ces créneaux et garde un roi français.
Je suis seul, relisons : du jour qui vient de naître
Cette heure m'appartient ; le reste est à mon maître.

(Il ouvre le manuscrit.)

Mémoires de Commine !... Ah ! si les mains du roi

Déroulaient cet écrit qui doit vivre après moi,
Où chacun de ses jours, recueilli pour l'histoire,
Laisse un tribut durable et de honte et de gloire,
Tremblant, on le verrait, par le titre arrêté,
Pâlir devant son règne à ses yeux présenté.
De vices, de vertus quel étrange assemblage!

(Il lit; le médecin Coitier passe au fond de la scène, le regarde, et entre dans la cabane de Richard.)

(Interrompant sa lecture)

Là, quel effroi honteux! là, quel brillant courage!
Que de clémence alors, plus tard que de bourreaux!
Humble et fier, doux au peuple et dur aux grands vassaux,
Crédule et défiant, généreux et barbare,
Autant il fut prodigue, autant il fut avare.

(Il passe à la fin du manuscrit.)

Aujourd'hui quel tableau! Je tremble en décrivant
Ce château du Plessis, tombeau d'un roi vivant,
Comme si je craignais qu'un vélin infidèle
Ne trahît les secrets que ma main lui révèle.
Captif sous les barreaux dont il charge ces tours,
Il dispute à la mort un reste de vieux jours;
Usé par ses terreurs, il se détruit lui-même,
S'obstine à porter seul un pesant diadème,
S'en accable, et jaloux de son jeune héritier,
Ne vivant qu'à demi, règne encor tout entier.
Oui, le voilà : c'est lui.

(Il reste absorbé dans sa lecture.)

SCÈNE IV.

COMMINE, COITIER.

COITIER, sortant d'une cabane, à Richard et à quelques paysans.

Rentrez, prenez courage;
Des fleurs que je prescris composez son breuvage :
Par vos mains exprimés, leurs sucs adoucissans
Rafraîchiront sa plaie et calmeront ses sens.

COMMINE, sans voir Coitier.

Effrayé du portrait, je le vois en silence
Chercher un châtiment pour tant de ressemblance.

COITIER, lui frappant sur l'épaule.

Ah! seigneur d'Argenton, salut!

COMMINE.

Qui m'a parlé?
Vous! pardon!... je rêvais.

COITIER.

Et je vous ai troublé?

COMMINE.

D'un règne à son déclin l'avenir est sinistre.

COITIER.

Sans doute, un roi qui meurt fait rêver un ministre.

COMMINE.

Mais vous, maître Coitier, dont les doctes secrets
Ont des maux de ce roi ralenti les progrès,

Cette heure à son lever chaque jour vous rappelle :
Qui peut d'un tel devoir détourner votre zèle?

COITIER.

Le roi! toujours le roi! Qu'il attende.

COMMINE.

Du moins,
Autant qu'à ses sujets vous lui devez vos soins.

COITIER.

A qui souffre par lui je dois plus qu'à lui-même.

COMMINE.

Vous l'accusez toujours.

COITIER.

Vous le flattez.

COMMINE.

Je l'aime.
Qui vous irrite?

COITIER.

Un crime : hier, sur ces remparts
Un pâtre que je quitte arrêta ses regards ;
Des archers du Plessis l'adresse meurtrière
Faillit, en se jouant, lui ravir la lumière.

COMMINE.

Qu'il se plaigne : le roi deviendra son appui.

COITIER.

Qu'il se taise ; Tristan pourrait penser à lui.

ACTE I, SCÈNE IV.

COMMINE.

Sur ce vil instrument jetez votre colère.

COITIER.

J'impute au souverain les excès qu'il tolère.

COMMINE.

La crainte est son excuse.

COITIER.

Il craint un assassin,
Et la mort qu'il veut fuir, il la porte en son sein.
La terreur qu'il répand sur son cœur se rejette;
Il tourne contre lui sa justice inquiète;
Lui-même est le bourreau de ses nuits, de ses jours;
Lui, dont l'ordre inhumain... Ah! malheureux Nemours!

COMMINE.

Nemours était coupable.

COITIER.

Et je le crois victime.
Je rends à sa mémoire un culte légitime.
Moi, serviteur obscur, nourri dans sa maison,
Je l'ai vu cultiver ma précoce raison.
Ses dons m'ont soutenu dans une étude ingrate.
Quand Montpellier m'admit sur les bancs d'Hippocrate,
L'hermine des docteurs conquise lentement
Para ma pauvreté d'un stérile ornement.
Je crus Nemours: j'osai, séduit par ses paroles,
Secouer pour la cour la poudre des écoles.

Ma rudesse étonna : ma brusque liberté
Heurta ce vieux respect par la foule adopté.
On me vit singulier et l'on me crut habile.
La stupeur à mes pieds mit cette cour servile,
Quand j'osai gouverner, sans prendre un front plus doux,
La santé de celui qui vous gouvernait tous.
Nemours fit ma fortune, et moi, moi, son ouvrage,
Je n'ai pu de son roi fléchir l'aveugle rage !
Brillant de force alors, Louis, plein d'avenir,
Méprisa cette voix qui devait l'en punir,
Frappa mon bienfaiteur, et jeta sa famille
Dans la nuit des cachots creusés sous la Bastille.
Un de ses fils, un seul, voit la clarté des cieux ;
J'ai soustrait avec vous ce dépôt précieux,
Je vous l'ai confié; soit pitié, soit justice,
De ce pieux larcin Commine fut complice.
Oui, vous !

COMMINE.

Coitier !

COITIER.

Vous-même !

COMMINE.

Au nom du ciel, plus bas !

COITIER.

Eh bien ! plaignez Nemours, et ne l'accablez pas.
Mon cœur saigne, je souffre, et ne puis me contraindre

Lorsque, seul avec moi, je vous surprends à feindre,
Et que sur un ami vos yeux n'osent verser
Quelques pleurs généreux qu'on pourrait dénoncer.

COMMINE.

Peu jaloux d'étaler une douleur stérile,
Je tais la vérité qui nuit sans être utile;
Notre intérêt commun exige cet effort.

COITIER.

Vous la tairez toujours, à moins qu'après la mort,
Affranchi des terreurs qu'un trône vous inspire,
Vos mânes du tombeau ne sortent pour la dire.

COMMINE.

Peut-être... Mais, Coitier, quand de mon devoûment
Un gage trop certain vous parle à tout moment,
Qu'importe si des cours un long apprentissage
Fait mentir à dessein mes yeux et mon visage?
A Nemours, comme vous, uni par l'amitié,
N'ai-je montré pour lui qu'une oisive pitié?
Ses fils ne craignaient plus : leur père était sans vie;
La vengeance du roi vous semblait assouvie :
Quelle voix dissipa votre commune erreur?
La mienne; de leur sort j'avais prévu l'horreur.
Un seul voulut nous croire, et préparant sa fuite,
A des amis zélés j'en remis la conduite.
Quel refuge assuré s'ouvrit devant ses pas?
C'est ma famille encor qui lui tendit les bras.

Le duc Charle, à Péronne, instruit avec prudence,
Reçut de ses malheurs l'entière confidence,
Le vit, et l'accueillit comme un hôte fatal
Dont il pourrait un jour s'armer contre un rival.
Si la fortune alors lui devint moins sévère,
Plus j'ai fait pour le fils, plus j'ai blâmé le père.
Courageux sans danger, vous régnez sur le roi;
Mais un sort différent m'impose une autre loi,
Et quand, près de Louis, le devoir nous rassemble,
Il tremble devant vous, et devant lui je tremble.

COITIER.

Et c'est par crainte encor que, forcé d'accepter,
D'un fief des Armagnacs on vous vit hériter,
Apanage sanglant que leur bourreau vous donne,
Et dont les échafauds ont doté la couronne.

COMMINE.

Ma fille, en épousant Nemours que j'ai sauvé,
Lui rendra ce dépôt sous mon nom conservé.
Elle était dans l'exil sa compagne chérie :
Ils s'aimaient, je le sus; et rappelant Marie,
J'approuvai qu'un hymen, aujourd'hui dangereux,
Les unît par mes mains dans des temps plus heureux.

COITIER.

Quand il ne sera plus?

COMMINE.

    Eh ! qui donc ?

ACTE I, SCÈNE IV.

COITIER, montrant les tours du Plessis.

Lui!

COMMINE.

Silence!
Eh bien! m'accusez-vous d'un excès d'indulgence?
Blâmez-vous cet hymen?

COITIER.

J'admire, en y songeant,
Le politique adroit dans le père indulgent.
Qui sait? des Armagnacs la grandeur peut renaître;
Admis dans les secrets de votre premier maître,
Nemours est cher au duc, adoré du soldat;
Ce gendre tout-puissant ne sera point ingrat,
Et, si votre fortune essuyait quelque orage,
Vous prépare en Bourgogne un port dans le naufrage.

COMMINE.

C'est chercher, je l'avoue, un but trop généreux
Au soin tout paternel qui m'a touché pour eux.
A la cour sous ces traits que n'allez-vous me peindre?

COITIER.

Vous n'eussiez point parlé si vous pouviez le craindre.
Mes amis les plus chers sont par moi peu flattés,
Mais je garde pour eux ces dures vérités.

COMMINE.

Épargnez-les du moins à Louis qui succombe.

COITIER.

Quand les entendrait-il ? serait-ce dans la tombe ?

COMMINE.

Vous, son persécuteur, devenez son soutien.

COITIER.

Il serait mon tyran, si je n'étais le sien.
Vrai Dieu ! ne l'est-il pas? sait-on ce qu'on m'envie?
Du médecin d'un roi sait-on quelle est la vie?
Cet esclave absolu qui parle en souverain
Ment lorsqu'il se dit libre, et porte un joug d'airain.
Je ne m'appartiens pas ; un autre me possède :
Absent, il me maudit, et présent, il m'obsède ;
Il me laisse à regret la santé qu'il n'a pas;
S'il reste, il faut rester ; s'il part, suivre ses pas.
Sous un plus dur fardeau baissant ma tête altière
Que les obscurs varlets courbés sous sa litière,
Confiné près de lui dans ce triste séjour,
Quand je vois sa raison décroître avec le jour,
Quand de ce triple pont, qui le rassure à peine,
J'entends crier la herse et retomber la chaîne ;
C'est moi qu'il fait asseoir au pied du lit royal
Où l'insomnie ardente irrite encor son mal ;
Moi, que d'un faux aveu sa voix flatteuse abuse
S'il craint qu'en sommeillant un rêve ne l'accuse ;
Moi, que dans ses fureurs il chasse avec dédain ;
Moi, que dans ses tourmens il rappelle soudain ;

ACTE I, SCÈNE IV.

Toujours moi, dont le nom s'échappe de sa bouche,
Lorsqu'un remords vengeur vient secouer sa couche.
Mais s'il charge mes jours du poids de ses ennuis,
Du cri de ses douleurs s'il fatigue mes nuits,
Quand ce spectre imposteur, maître de sa souffrance,
De la vie en mourant affecte l'apparence,
Je raille sans pitié ses efforts superflus
Pour jouer à mes yeux la force qu'il n'a plus.
Misérable par lui, je le fais misérable :
Je lui rends en terreur l'ennui dont il m'accable ;
Et pour souffrir tous deux nous vivrons réunis,
L'un de l'autre tyrans, l'un par l'autre punis,
Toujours prêts à briser le nœud qui nous rassemble,
Et toujours condamnés au malheur d'être ensemble,
Jusqu'à ce que la mort, qui rompra nos liens,
Lui reprenant mes jours dont il a fait les siens,
Se lève entre nous deux, nous désunisse, et vienne
S'emparer de sa vie et me rendre la mienne.

COMMINE.

On s'avance vers nous : veillez sur vos discours !

COITIER.

Craignez-vous votre fille ?

SCÈNE V.

LES PRÉCÉDENS; MARIE.

COMMINE.

Ah! viens, approche, accours,
Tu ne nous troubles point.

MARIE.

Je vous revois, mon père!
(A Coitier.)
Salut, maître; du roi que faut-il qu'on espère?

COITIER.

Son ame le soutient; sa sombre activité
Nous tourmente des maux dont il est tourmenté.

MARIE.

Croyez-vous que sur eux votre savoir l'emporte?

COITIER.

Que peut notre savoir où la nature est morte?
Il s'agite, il se plaint, il accuse mon art,
Commine, vous...

MARIE.

Lui-même a permis mon départ.

COMMINE.

Il n'a pu résister à ton ardente envie
De voir l'homme de Dieu dont il attend la vie;
Puis, il s'est plaint de toi.

ACTE I, SCÈNE V.

COITIER.
>Voilà les souverains.

COMMINE.
Ton enjoûment naïf amuse ses chagrins,
Et le corps souffre moins quand l'esprit est tranquille.
Il est seul dans la tour où sa terreur l'exile;
La dame de Beaujeu n'est plus auprès de lui.

COITIER.
Elle eût mieux supporté le poids de son ennui,
Si Louis d'Orléans, chevalier plus fidèle,
Eût voulu l'alléger en s'enchaînant près d'elle.

COMMINE.
Que dites-vous, Coitier?

COITIER.
>Mais ce qu'on dit partout,

Commine.

COMMINE.
Je l'ignore.

COITIER.
>Ah! vous ignorez tout.

(A Marie.)
Eh bien! vous l'avez vu ce pieux solitaire!
François de Paule arrive; et chaque monastère,
Chaque hameau voisin, qui le fête à son tour,
Fait résonner pour lui les cloches d'alentour.
A grand'peine arraché de sa retraite obscure,

Lui seul peut rétablir, du moins Rome l'assure,
La royale santé que nous, pauvres humains,
Nous voyons par lambeaux s'échapper de nos mains.
Qu'il fasse mieux que nous, ce médecin de l'ame;
C'est mon maître, et pour tel ma bouche le proclame,
S'il ranime un fantôme, et si de ce vieux corps
Son art miraculeux raffermit les ressorts.

MARIE.

Osez-vous en douter? Le bruit de ses merveilles
Est-il comme un vain son perdu pour vos oreilles?
Un vieillard, qu'à Fondi le saint avait touché,
Vit refleurir les chairs de son bras desséché.
Il rencontra dans Rome une femme insensée,
Et chassa le démon qui troublait sa pensée.
Il veut, et pour l'aveugle un nouveau jour a lui,
Le muet lui répond, l'infirme court vers lui;
Et s'il parle aux tombeaux, ils s'ouvrent pour nous rendre
Les morts qu'il ressuscite en soufflant sur leur cendre.

COITIER.

Je vous crois.

MARIE.

            Et pourtant que de simplicité!
Le saint n'empruntait pas sa douce majesté
Au sceptre pastoral dont la magnificence
Des princes du conclave atteste la puissance,
A la mitre éclatante, aux ornemens pieux

Que le nonce de Rome étale à tous les yeux.
Point de robe à longs plis dont la pourpre chrétienne
Réclame le secours d'un bras qui la soutienne.
Pauvre, et pour crosse d'or un rameau dans les mains,
Pour robe un lin grossier traînant sur les chemins,
C'est lui, plus humble encor qu'au fond de sa retraite.

COITIER.

Et que disait tout bas cet humble anachorète,
En voyant la litière où le faste des cours
Prodiguait sa mollesse au vieux prélat de Tours,
Et ce cheval de prix, dont l'amble doux et sage
Pour monseigneur de Vienne abrégeait le voyage?

MARIE.

Tous les deux descendus marchaient à ses côtés ;
Le dauphin le guidait vers ces murs redoutés.
Puis venaient en chantant les pasteurs des villages ;
Les seigneurs suzerains, appuyés sur leurs pages,
Lès rênes dans les mains, devançaient leurs coursiers.
J'ai vu les écussons de nos preux chevaliers,
J'ai vu les voiles blancs des jeunes châtelaines,
Confondre leurs couleurs sur les monts, dans les plaines.
La croix étincelait aux rayons d'un ciel pur ;
Des bannières du roi l'or, les lis et l'azur,
Que paraient de nos bois les dépouilles fleuries,
Courbaient autour du saint leurs nobles armoiries.
Des enfans devant lui faisaient fumer l'encens ;

Le peuple s'inclinait sous ses bras bénissans.
Ainsi des murs d'Amboise au pied de ces tourelles
Il traînait sur ses pas la foule des fidèles.
Long-temps j'ai contemplé cet imposant tableau...
Et quand le chemin tourne au penchant du coteau,
Reprenant avec Berthe un sentier qui l'abrége,
J'ai sur mon palefroi devancé le cortége.

COMMINE.

Viens donc, viens faire au roi ce récit qu'il attend.

MARIE, à Commine.

Un mot, mon père!

COITIER.

Adieu : j'y cours en vous quittant.

COMMINE.

C'est prendre trop de soin.

COITIER.

Le maître s'inquiète;
Il est là, sur le seuil de la porte secrète
Qui s'ouvre dans sa tour pour lui seul et pour moi,
Et depuis trop long-temps se souvient qu'il est roi.

COMMINE.

Il apprendra de vous ce qu'il eût su par elle.

COITIER.

J'entends... Si quelques dons récompensaient mon zèle,
Votre fille aurait part, Commine, à ses bontés.

COMMINE.

Je ne réclamais rien.

COITIER.

Non, mais vous acceptez?

(lui serrant la main.)

Adieu donc!

SCÈNE VI.

COMMINE, MARIE.

MARIE.

Que je hais sa raillerie amère!

COMMINE.

Il faut souffrir de lui ce que le roi tolère.
Dans sa soif de connaître, il crut pénétrer tout:
Le doute, en l'irritant, l'a conduit au dégoût;
Nous mesurons autrui sur ce peu que nous sommes,
Et le dégoût de soi mène au mépris des hommes.
Mais quel fut ton motif pour craindre un indiscret?
Nous voilà seuls; réponds, et dis-moi ton secret.

MARIE.

Ma joie à vos regards d'avance le révèle:
Devinez!...

COMMINE.

Quelle est donc cette heureuse nouvelle?

MARIE.

Heureuse pour vous-même!

COMMINE.

    Et plus encor pour toi.

MARIE.

L'envoyé de Bourgogne attendu par le roi :
De son nombreux cortége il remplit le village ;
Ses armes, son héraut, son brillant équipage,
J'ai tout vu.

COMMINE.

  Quel est-il ?

MARIE.

    Le comte de Réthel.
Berthe, dont je le tiens, l'a su du damoisel
Qui portait la bannière, où, vassal de la France,
Sous la fleur de nos rois le lion d'or s'élance.

COMMINE.

Le comte de Réthel ! cette antique maison
N'avait plus d'héritier qui soutînt son grand nom ;
A Péronne, du moins, je n'en vis point paraître ;
Et je suis étonné de ne le pas connaître.

MARIE.

Il a laissé, dit-on, sous les murs de Nanci
Le duc, ses chevaliers, son camp...

COMMINE.

    Nemours aussi,
N'est-ce pas, chère enfant ?

MARIE.
                    Une lettre, j'espère,
Sur le sort d'un proscrit va rassurer mon père.
COMMINE.
Et quelques mots pour toi te diront que Nemours
Regrette son pays bien moins que ses amours.
MARIE.
Le croyez-vous? qui sait? dans l'absence on oublie.
COMMINE.
Oui, quand on est heureux; mais sa mélancolie
De te garder sa foi lui laissera l'honneur;
Il n'a qu'un souvenir pour rêver le bonheur,
C'est le tien.
MARIE.
             J'aime plus que je ne suis aimée.
Sans guérir de son cœur la plaie envenimée,
Que de fois j'essayai, dans un doux entretien,
De lui rendre son père en lui parlant du mien!
Il souriait alors, mais avec amertume.
Contre un chagrin cuisant, dont l'ardeur le consume,
Dans ma pitié naïve il cherchait un appui,
Et m'aimait de l'amour que je montrais pour lui.
Toujours morne, il fuyait au fond des basiliques
La cour, ses vains plaisirs, et ses jeux héroïques.
Vengeance! disait-il dans la sombre ferveur
Qui fixait son regard sur la croix du Sauveur.

Parlait-on de Louis, à ce nom qu'il abhorre,
Il rêvait la vengeance, et, plus terrible encore,
La main sur son poignard, il menaçait tout bas
Celui...

COMMINE.

Par tes discours tu le calmais ?

MARIE.

Hélas !
Tremblante, je pleurais, et lui, trouvait des charmes
A me nommer sa sœur en essuyant mes larmes.

COMMINE.

Ah ! qu'il laisse à la mort le soin de le venger !
Sous un règne nouveau son destin peut changer.

MARIE.

Oui, je n'en doute pas, pour peu que je l'en prie,
Monseigneur le dauphin...

COMMINE.

Écoute-moi, Marie :
Le dauphin, je le sais, ne se plaît qu'avec toi,
Il s'attache à tes pas ; trop peut-être.

MARIE.

Pourquoi ?
Un enfant !

COMMINE.

Cet enfant sera le roi de France.

ACTE I, SCÈNE VI.

MARIE.

Faut-il donc l'éviter, quand dans son ignorance,
La rougeur sur le front et les pleurs dans les yeux,
Il vient me demander les noms de ses aïeux?

COMMINE.

Les leçons d'une femme ont un danger qu'on aime;
Un si noble disciple est dangereux lui-même;
Ton amour te défend, mais crains ta vanité:
Sois plus prudente. Agnès, la dame de beauté,
En donnant à son roi des leçons de courage,
Crut n'aimer que la gloire; et quel fut son partage?
Un brillant déshonneur suivit ses jours heureux.
Quand ses mains enlaçaient des chiffres amoureux,
Que de pleurs sont tombés sur ces trames légères,
D'un fortuné lien images mensongères!
Un bras puissant contre elle arma la trahison;
Agnès, l'aimable Agnès mourut par le poison.

MARIE.

O crime! quel est donc celui qu'on en soupçonne?
Qui doit-on accuser?

COMMINE.

   Qui?... Personne, personne.
Rentrons: viens consoler le captif du Plessis;
Il sent moins ses douleurs quand tu les adoucis.

MARIE.

Entendez-vous ces chants dans la forêt voisine?

Le cortége s'avance et descend la colline.

COMMINE.

Viens, rentrons.

SCÈNE VII.

FRANÇOIS DE PAULE, LE DAUPHIN, NEMOURS, RICHARD, MARCEL, MARTHE, DIDIER, CLERGÉ, CHATELAINES, CHEVALIERS, PEUPLE.

PAYSANS, qui chantent un cantique.

Des affligés divin recours,
Notre-Dame de délivrance,
Louis réclame vos secours ;
Vierge, prêtez votre assistance
Aux lis de France!
Dieu, qui récompensez la foi,
Sauvez le roi!

FRANÇOIS DE PAULE, à Nemours, qui s'est approché de lui.

Oui, mon fils, je veux vous écouter.

(Au dauphin.)

Prince, de ce devoir laissez-moi m'acquitter :
Mes soins, comme au monarque, appartiennent encore
Au plus humble de ceux dont la voix les implore.

LE DAUPHIN.

Faites selon vos vœux, mon père ; demeurez :
Nous devançons vos pas, et, quand vous nous joindrez,
Louis viendra lui-même, au seuil de cette enceinte,

ACTE I, SCÈNE VIII.

Courber son front royal sous la majesté sainte.
(Aux chevaliers.)
Suivez-moi.

SCÈNE VIII.

LES PRÉCÉDENS, excepté LE DAUPHIN et sa suite.

(Les paysans sont aux pieds de saint François de Paule.)

UNE PAYSANNE.

De ma sœur apaisez les tourmens;
Mon père!

MARCEL.

Laissez-moi toucher vos vêtemens.

DIDIER.

La santé!

MARTHE.

De longs jours!

RICHARD.

Entrez dans ma chaumière,
Homme de Dieu, mon fils reverra la lumière.

FRANÇOIS DE PAULE.

C'est Dieu seul, mes enfans, qu'on implore à genoux;
Moi je ne suis qu'un homme et mortel comme vous.
Regardez, j'ai besoin qu'un appui me soulage!
Infirme comme vous, je cède au poids de l'âge;
Il a courbé mon corps et blanchi mes cheveux.

Voyant ce que je suis, jugez ce que je peux.
Homme, je compatis à la souffrance humaine;
Vieillard, je plains les maux que la vieillesse amène.
Le remède contre eux est de savoir souffrir;
Je peux prier pour vous, Dieu seul peut vous guérir.
Ne vous aveuglez point par trop de confiance;
Consoler et bénir, c'est toute ma science.

RICHARD, à Marcel.

Si j'étais comte ou duc, il eût guéri mon fils.

MARCEL.

Il l'eût ressuscité.

FRANÇOIS DE PAULE.

Laissez-moi, mes amis;
Plus tard j'irai mêler mes prières aux vôtres.

MARCEL, à Richard.

Il guérira le roi.

RICHARD.

Dès demain.

MARCEL.

Mais nous autres,
Valons-nous un miracle?

(Les paysans s'éloignent.)

SCÈNE IX.

FRANÇOIS DE PAULE, NEMOURS.

FRANÇOIS DE PAULE.

Approchez.

NEMOURS.

Dans ce lieu
Nul ne peut m'écouter ?

FRANÇOIS DE PAULE.

Hors moi, mon fils, et Dieu.

NEMOURS.

Le Dieu qui nous exauce est avec vous, mon père.

FRANÇOIS DE PAULE.

Comme avec tous les cœurs dont le zèle est sincère.

NEMOURS.

Eh bien ! priez pour moi.

FRANÇOIS DE PAULE.

Je le dois.

NEMOURS.

Aujourd'hui
Que je repose en paix si Dieu m'appelle à lui !

FRANÇOIS DE PAULE.

Qui? vous, mon fils ?

NEMOURS.

Priez !

FRANÇOIS DE PAULE.
Pour vos jours?

NEMOURS.
Pour mon ame.

FRANÇOIS DE PAULE.
J'ai tant vécu! la tombe avant vous me réclame.

NEMOURS.
Peut-être.

FRANÇOIS DE PAULE.
D'un combat redoutez-vous le sort?

NEMOURS.
Chaque pas dans la vie est un pas vers la mort.

FRANÇOIS DE PAULE.
Jeune, on la croit si loin!

NEMOURS.
Elle frappe à tout âge.

FRANÇOIS DE PAULE.
Mais au vôtre, on espère.

NEMOURS.
On ose davantage,
On doit plus craindre aussi.

FRANÇOIS DE PAULE.
Que voulez-vous tenter?

NEMOURS.
Ce que par le martyre il faut exécuter.

ACTE I, SCÈNE IX.

FRANÇOIS DE PAULE.

Un vieillard peut donner un avis salutaire :
Parlez.

NEMOURS.

Je ne le puis.

FRANÇOIS DE PAULE.

Qui vous force à vous taire ?

NEMOURS.

Celui qui m'envoya m'en impose la loi.

FRANÇOIS DE PAULE.

Qui donc ?

NEMOURS.

C'est un secret entre son ombre et moi.

FRANÇOIS DE PAULE.

Vous allez accomplir quelques projets funestes.

NEMOURS.

J'obéis.

FRANÇOIS DE PAULE.

A quel ordre ?

NEMOURS.

Aux vengeances célestes.
Quand le sang crie...

FRANÇOIS DE PAULE.

Eh bien ?

NEMOURS.

Ne veut-il pas du sang?

FRANÇOIS DE PAULE.

Laissez Dieu le verser : n'est-il pas tout-puissant?

NEMOURS.

D'un forfait impuni peut-il rester complice?
S'il attendait toujours, où serait sa justice?

FRANÇOIS DE PAULE.

Pour attendre et punir il a l'éternité :
S'il n'était patient, où serait sa bonté?

NEMOURS.

Un prêtre, confident d'un prince de la terre,
Dans le lieu d'où je viens a connu ce mystère.

FRANÇOIS DE PAULE.

Un prêtre!

NEMOURS.

Et quand l'hostie a passé dans mon sein,
Lui-même a dit tout bas : Accomplis ton dessein.

FRANÇOIS DE PAULE.

Il est donc juste?

NEMOURS.

Oui, juste, et le ciel l'autorise;
Consacrez par vos vœux ma pieuse entreprise.

(Il s'agenouille.)

FRANÇOIS DE PAULE.

L'Éternel, ô mon fils! te voit à mes genoux;
Que son esprit t'éclaire et descende entre nous!

ACTE I, SCÈNE IX.

NEMOURS.

Maudissez l'assassin, pour qu'il me l'abandonne.

FRANÇOIS DE PAULE.

Serviteur de celui qui meurt et qui pardonne,
Je ne sais pas maudire.

NEMOURS.

Alors bénissez-moi.

FRANÇOIS DE PAULE.

J'y consens, sois béni ; mais que puis-je pour toi?
Si ton cœur veut le mal, à ton heure dernière
De quoi te serviront mes vœux et ma prière?
Et si tu fais le bien, tes œuvres parleront :
Mieux que moi, dans les cieux, elles te béniront.
Adieu !

NEMOURS, se relevant.

Qu'il soit ainsi : je m'y soumets d'avance.

FRANÇOIS DE PAULE.

Vous reverrai-je encor ?

NEMOURS.

C'est ma seule espérance.

FRANÇOIS DE PAULE.

Dans ce lieu même ?

NEMOURS.

Ailleurs.

FRANÇOIS DE PAULE.

Près du roi ?

NEMOURS.

Devant Dieu.

FRANÇOIS DE PAULE.

Mais j'irai vous attendre.

NEMOURS.

Ou me rejoindre. Adieu.

FIN DU PREMIER ACTE.

ACTE DEUXIÈME.

La salle du trône au Plessis-lès-Tours.

SCÈNE I.

MARIE, seule.

(Elle est près d'une table, et arrange des fleurs qu'elle prend dans une corbeille.)

D'abord les buis sacrés, puis les feuilles de chêne ;
Là ces roses des champs ; bien : qu'un nœud les enchaîne.
Plaçons entre des lis et des épis nouveaux
Ce lierre qui plus sombre... il croît sur les tombeaux ;
Un malade y verrait quelque funèbre image :
Non ; près du lis royal, la fleur d'heureux présage,
Celle qui ne meurt pas !...

SCÈNE II.

MARIE, LE DAUPHIN.

LE DAUPHIN, tout bas, après s'être approché doucement.

                    Comme on flatte les rois !

MARIE, se retournant.

Monseigneur m'écoutait !

LE DAUPHIN.

Enfin je vous revois!

MARIE, qui veut se retirer.

Pardon!...

LE DAUPHIN.

Vous me quittez?

MARIE.

Un soin pieux m'appelle;
Notre-Dame-des-Bois m'attend dans sa chapelle.
Je lui porte une offrande; on la fête aujourd'hui,
Et le roi va lui-même implorer son appui.

LE DAUPHIN.

Voyez comme en ses vœux son ame est incertaine!
Il devait ce matin fatiguer, dans la plaine,
Ces levriers nouveaux qu'il nourrit de sa main;
Il voudra se distraire en essayant demain
Cet alezan doré que l'Angleterre envoie,
Ce faucon sans rival quand il fond sur sa proie,
Ou récréer ses yeux d'une chasse aux flambeaux
Contre l'oiseau des nuits caché sous ces créneaux.
Pour tromper ses dégoûts, hélas! peine inutile!
Je le plains : le bonheur me paraît si facile!
Il est partout pour moi : dans mes rêves, la nuit,
Dans le son qui m'éveille et le jour qui me luit,
Dans l'aspect de ces champs, dans l'air que je respire,
Marie, et dans vos yeux, quand je vous vois sourire.

MARIE.

Tout plaît à dix-sept ans, monseigneur, et plus tard
L'avenir, qui vous charme, épouvante un vieillard.
Mais un beau jour, des fleurs, les danses du village,
Vont égayer pour lui ce saint pèlerinage.
Il faut que je me hâte.

LE DAUPHIN.

Achevons à nous deux.

MARIE.

Seule, j'irai plus vite.

LE DAUPHIN.

Arrêtez, je le veux.

MARIE, en souriant.

Le roi dit : nous voulons.

LE DAUPHIN.

Eh bien ! je vous en prie,
Restez.

MARIE.

Pour un moment.

LE DAUPHIN.

J'ai du chagrin, Marie.

MARIE.

Vous ! se peut-il ?

LE DAUPHIN.

Sans doute, et j'ai droit d'en avoir :
Mon amour pour mon père est sur lui sans pouvoir.

Lorsqu'à son grand lever j'attends avec tristesse
Une douce parole, un regard de tendresse,
Vers moi, pour me parler, fait-il jamais un pas?
Me voit-il seulement? il ne m'aime donc pas?

MARIE.

Quel penser!

LE DAUPHIN.

Je le crains; pourquoi, depuis l'enfance,
Me laisser, loin de lui, languir dans l'ignorance?
Ce noir château d'Amboise, où j'étais confiné,
M'a vu grandir, Marie, aux jeux abandonné,
Sans qu'on m'ait rien appris, sans que jamais l'histoire
Fît palpiter mon cœur à des récits de gloire.
Que sais-je? à peine lire, et chacun en sourit.
Mais comment à l'étude appliquer mon esprit?
Je n'avais sous les yeux que le Rosier des guerres.

MARIE.

Le roi l'a fait pour vous.

LE DAUPHIN.

Des maximes sévères,
De beaux préceptes, oui; mais...

MARIE.

Quoi?

LE DAUPHIN.

C'est ennuyeux.

ACTE II, SCÈNE II.

MARIE, effrayée.

Un ouvrage du roi!

LE DAUPHIN.

Près de lui, dans ces lieux,
Je ne suis pas plus libre; et dès que je m'éveille,
D'un regard inquiet je vois qu'on me surveille.
Me craint-on? qu'ai-je fait? pourquoi me confier
Aux soins avilissans de ce maître Olivier?

MARIE.

Depuis qu'il est ministre, on l'appelle messire.

LE DAUPHIN.

Il me laisse ignorer ce qu'il devrait me dire :
Mon oncle d'Orléans ne lui ressemble pas.

MARIE.

C'est un nom qu'à la cour on prononce tout bas.

LE DAUPHIN.

Des leçons de tous deux voyez la différence :
Olivier dit toujours que le roi, c'est la France;
Et lui : Mon beau neveu, me disait-il ici,
La France, c'est le roi, mais c'est le peuple aussi.
Je crois qu'il a raison.

MARIE.

C'est mon avis.

LE DAUPHIN.

Je l'aime.

Mais moins que vous, amie!

MARIE.

>Il vous chérit lui-même.

LE DAUPHIN.

Le jour de son départ il m'a fait un présent :

(Il tire un livre de son sein.)

Regardez.

MARIE.

>Juste ciel! c'est un livre...

LE DAUPHIN.

>>Amusant ;

Qui parle de combats, de faits d'armes.

MARIE.

>>Je tremble.

Si le roi le savait!

LE DAUPHIN.

>Voulez-vous lire ensemble?

MARIE.

Non, non.

LE DAUPHIN.

Pourquoi?

MARIE.

>J'ai peur.

LE DAUPHIN.

>>Nous sommes sans témoins.

MARIE, s'en allant.

Non.

LE DAUPHIN

Je lirai donc seul.

MARIE, revenant et regardant par-dessus l'épaule du dauphin.

Voyons le titre au moins.

LE DAUPHIN.

Curieuse !

MARIE.

Lisez.

LE DAUPHIN.

Il faudra me reprendre
Si je dis mal.

MARIE.

D'accord.

LE DAUPHIN.

Ah ! qu'il est doux d'apprendre !
Je le sens près de vous.

MARIE, allant s'asseoir près de la table.

Commençons.

LE DAUPHIN, posant le livre sur les genoux de Marie.

M'y voici.

MARIE.

Levez-vous, monseigneur.

LE DAUPHIN.

Je suis bien.

MARIE, le relevant.

Mieux ainsi.

LE DAUPHIN, lisant tandis que Marie tient le doigt sur la page.

« La Chronique de France, écrite en l'an de grâce... »

MARIE.

En l'an de grâce... eh bien?

LE DAUPHIN.

Des chiffres, je les passe.

MARIE, en riant.

Et pour cause.

LE DAUPHIN.

Méchante!

(Il lit.)

« Ou récit des tournois,
« Prouesses et hauts faits des comtes de Dunois,
« Lahire... »

MARIE.

Après?

LE DAUPHIN.

« Lahire, et... »

MARIE.

Courage!

LE DAUPHIN.

« Et...

MARIE.

« Xaintrailles. »

LE DAUPHIN.

C'est un nom difficile.

MARIE.

Un beau nom.

LE DAUPHIN, lisant.

« Des batailles,
« Où l'on vit comme quoi la fille d'un berger
« Sauva ledit royaume et chassa l'étranger. »

MARIE.

Sous votre aïeul.

LE DAUPHIN.

C'est Jeanne!

MARIE.

On vous a parlé d'elle?

LE DAUPHIN.

Et puis d'une autre encor.

MARIE.

Qui donc?

LE DAUPHIN.

Elle était belle,
Oh! belle... comme vous.

MARIE.

Reprenons.

LE DAUPHIN.

Du feu roi,
Qui l'aimait d'amour tendre, elle reçut la foi.

MARIE.

Qui vous a dit cela?

LE DAUPHIN.

Tout le monde et personne :
On raconte, j'écoute; et, sans qu'on le soupçonne,
Je répète à part moi chaque mot que j'entend;
Mais dès qu'on parle d'elle, inquiet, palpitant,
Un trouble qui m'étonne à ce doux nom m'agite :
Je sens mon front rougir et mon cœur bat plus vite.
Je sais que pour lui plaire il défit les Anglais;
Qu'il lui donna des fiefs, des joyaux, des palais :
Car un roi peut donner tout ce que bon lui semble,
Tout, son cœur, sa couronne et son royaume ensemble.
Moi, pauvre enfant de France, à qui rien n'est permis,
Sans pouvoir dans le monde et presque sans amis,
Qui ne possède rien, ni joyaux, ni couronne,
Je n'ai que cette bague; eh bien! je vous la donne.

MARIE.

Que faites-vous?

LE DAUPHIN.

Prenez.

MARIE.

Monseigneur!

LE DAUPHIN.

La voilà :
Elle a peu de valeur : n'importe, acceptez-la;
Et si je règne un jour...

MARIE, avec effroi.

Paix!

LE DAUPHIN.

Montrez-moi ce gage :
Ma parole royale, ici, je vous l'engage;
Ma foi de chevalier, je vous l'engage encor,
Qu'il n'est titre si noble ou si riche trésor,
Ni faveur, ni merci, ni grâce en ma puissance,
Qui vous soient refusés par ma reconnaissance.

MARIE.

Votre altesse le jure : en lui rendant ce don,
Même d'un exilé j'obtiendrai le pardon?

LE DAUPHIN, vivement.

Quel est-il?

MARIE.

Un Français qui pleure sa patrie.

LE DAUPHIN.

Vous l'aimez?

MARIE.

Pourquoi non?

LE DAUPHIN.

Vous l'aimez, vous, Marie!
Rendez-moi cet anneau.

MARIE.

J'obéis, monseigneur.

LE DAUPHIN.

Non : trahir un serment, c'est forfaire à l'honneur.
Le mal que je ressens, je ne puis le comprendre;
Mais ce qu'on a donné ne saurait se reprendre.
Gardez : de mon bonheur advienne que pourra,
Le dauphin a promis, le roi s'en souviendra.

MARIE.

On vient.

SCÈNE III.

LES PRÉCÉDENS, COMMINE.

COMMINE.

Sa majesté fait chercher votre altesse.

LE DAUPHIN.

Elle a parlé de moi! comment? avec tendresse?
Dites, mon bon Commine, est-ce un juge en courroux,
Un père, qui m'attend?

COMMINE.

Prince, rassurez-vous.
Précédé des hérauts de Bourgogne et de Flandre,
L'envoyé du duc Charle au Plessis doit se rendre :
Jaloux de l'honorer, le roi veut aujourd'hui
Qu'il soit par votre altesse amené devant lui.

LE DAUPHIN.

Surpris, j'ai malgré moi tremblé comme un coupable!

Grand Dieu! que pour son fils un père est redoutable!
Quand j'aborde le mien, immobile, sans voix,
Je me soutiens à peine, et lorsque je le vois
Fixer sur mon visage, en serrant la paupière,
Ses yeux demi-fermés, d'où jaillit la lumière,
Pour dompter mon effroi tout mon amour est vain :
Je l'aime, et je frissonne en lui baisant la main.

COMMINE.

Cher prince !

LE DAUPHIN.

Mais je cours...

(Revenant prendre son livre sur la table)

O ciel ! quelle imprudence !

COMMINE.

Qu'avez-vous donc ?

LE DAUPHIN.

Marie est dans ma confidence :

(A Marie.)

J'ai mon ministre aussi. Vous ne direz rien ?

MARIE.

Non.

LE DAUPHIN, en sortant.

C'est un secret d'État, messire d'Argenton.
Adieu.

SCÈNE IV.

COMMINE, MARIE.

COMMINE.

Laissez-moi seul.

MARIE.

Pourquoi ce front sévère?

COMMINE.

Vous oubliez trop tôt ce que dit votre père.
Souvenez-vous du moins que Louis veut plus tard
Vous revoir au Plessis avant votre départ.

MARIE, d'un air caressant.

Pas un mot d'amitié, quoi! pas même un sourire?
Plus de courroux!... pardon!

COMMINE, lui donnant un baiser.

J'ai tort.

MARIE.

Je me retire;
Et quant à monseigneur, je saurai l'éviter:
Oui, je vous le promets, dussé-je l'irriter.

COMMINE, vivement.

L'irriter! non pas, non; tout pousser à l'extrême,
C'est nuire à vous, ma fille, et peut-être... à moi-même.
Quand le présent finit, ménageons l'avenir:
Du roi qu'on a vu prince on peut tout obtenir.

Oubli, c'est le grand mot d'un règne qui commence,
Et pour un exilé j'ai besoin de clémence,
Pensez-y quelquefois.

MARIE.

Ah! j'y pense toujours,
Et je porte à mon doigt la grâce de Nemours.

SCÈNE V.

COMMINE.

Le comte de Réthel devant moi va paraître :
Achetons son secours ; j'en ai l'ordre : mon maître
A, d'un seul trait de plume au bas d'un parchemin,
Conquis plus de duchés que le glaive à la main.
Aussi, bien convaincu du néant de la gloire,
Il sait qu'un bon traité vaut mieux qu'une victoire.
L'or est un grand ministre : il agira pour nous.

UN OFFICIER DU CHATEAU.

Le comte de Réthel!

SCÈNE VI.

COMMINE, NEMOURS.

COMMINE.

Dieu! qu'ai-je vu? c'est vous,
Vous, Nemours!

NEMOURS.

                Voilà donc le tombeau qu'il habite!
C'est ici!

COMMINE.

    Cachez mieux l'horreur qui vous agite :
Ici l'écho dénonce et les murs ont des yeux.

NEMOURS.

Digne séjour d'un roi, j'ai vu près de ces lieux
Des œuvres de Tristan la trace encor sanglante :
L'eau du Cher, où flottait sa justice effrayante;
Ces piéges qui des tours défendent les abords ;
Ces rameaux qui pliaient sous les restes des morts.

COMMINE.

Et vous avez franchi le seuil de cet asile!

NEMOURS.

Je l'ai fait.

COMMINE.

    Malheureux!

NEMOURS.

              Qui, moi? je suis tranquille :
Hormis vous et Coitier, nul ne sait mon secret.
Commine, de vous deux quel sera l'indiscret?

COMMINE.

Aucun.

NEMOURS.

    Comment le roi peut-il donc reconnaître

ACTE II, SCÈNE VI.

Celui qu'en sa présence il n'a fait comparaître
Qu'une fois, que le jour où, conduits par la main,
Mes deux frères et moi!... Des enfans! l'inhumain!...
Sous leur père expirant!...

COMMINE.

Calmez-vous.

NEMOURS.

Je frissonne.
Vous lui pardonnerez, grand Dieu! comme il pardonne.

COMMINE.

Pourquoi chercher celui qui vous fut si fatal?

NEMOURS.

Pour lui parler en maître au nom de son vassal.

COMMINE.

Tout autre eût pu le faire.

NEMOURS.

Il eût séduit tout autre.

COMMINE.

Il est mon souverain, Nemours; il fut le vôtre.

NEMOURS.

Oui, quand j'ai tant pleuré. Mon Dieu! qu'aurai-je fait?
Au deuil d'un faible enfant des pleurs ont satisfait :
Je suis consolé.

COMMINE.

Vous!

NEMOURS.

Je vais le voir en face;
Je vais le voir mourant.

COMMINE.

Mais ferme.

NEMOURS.

La menace
Pour en troubler la paix dans son cœur descendra :
Je le connais.

COMMINE.

Tremblez!

NEMOURS.

C'est lui qui tremblera.

COMMINE.

Peut-être.

NEMOURS, avec emportement.

Il tremblera. N'eût-il que ce supplice,
Je veux que devant moi son front royal pâlisse.

(Avec douleur.)

Il m'a vu pâlir, lui!

COMMINE.

De braver votre roi,
Charle, en vous choisissant, vous a-t-il fait la loi?

NEMOURS.

Charle, en me choisissant, a cru venir lui-même :
C'est lui qui vient dicter sa volonté suprême;

ACTE II, SCÈNE VI.

C'est lui, mais survivant à toute sa maison;
C'est lui, mais sans parens, sans patrie et sans nom:
C'est lui, mais orphelin par le meurtre!

COMMINE.

De grâce,
Écoutez la raison qui vous parle à voix basse.
Tout l'or d'un ennemi ne vous eût point tenté.
J'approuve vos refus; mais, par vous accepté,
Le don d'un vieil ami, d'un sauveur et d'un père,
Ne peut-il désarmer votre juste colère?
Marie...

NEMOURS.

Ah! ce doux nom fait tressaillir mon cœur!
Elle! mon dernier bien, ma compagne, ma sœur!
Pour embellir mes jours le ciel l'avait formée.
Mais c'est un rêve; heureux, que je l'aurais aimée!

COMMINE.

Heureux! vous pouvez l'être: après tant de combats,
D'un effroi mutuel affranchir deux États,
Rapprocher deux rivaux divisés par la haine,
Qu'un intérêt commun l'un vers l'autre ramène,
Non, ce n'est point trahir le plus saint des sermens;
C'est immoler à Dieu vos longs ressentimens;
C'est remplir un devoir. Cette union chérie,
Qui vous rend à la fois biens, dignités, patrie,
Avec votre devoir peut se concilier.

Cédez : le roi pardonne, et va tout oublier.

NEMOURS.

Oublier! lui! qu'entends-je? Oublier! quoi? son crime,
Ce supplice inconnu, l'échafaud, la victime?
Quoi? trois fils à genoux sous l'instrument mortel,
Vêtus de blanc tous trois comme au pied de l'autel?
On nous avait parés pour cette horrible fête.
Soudain le bruit des pas retentit sur ma tête :
Tous mes membres alors se prirent à trembler;
Je l'entendis passer, s'arrêter, puis parler.
Il murmura tout bas ses oraisons dernières;
Puis prononçant mon nom et ceux de mes deux frères :
Pauvres enfans! dit-il après qu'il eut prié;
Puis... plus rien. O moment d'éternelle pitié!
Tendant vers lui mes mains, pour l'embrasser sans doute,
Je crus sentir des pleurs y tomber goutte à goutte;
Les siens... Non, non : ses yeux éteints dans les douleurs,
Ses yeux n'en versaient plus, ce n'étaient pas des pleurs!...

COMMINE.

Nemours!

NEMOURS.

  C'était du sang, du sang, celui d'un père!
Oublier! il le peut, ce roi dont la colère
A pu voir sur mon front jusqu'au dernier moment
Le sang dont je suis né s'épuiser lentement :
Moi, jamais. C'est folie, ou Dieu le veut, Commine :

Mais, soit folie enfin, soit volonté divine,
Je touche de mes mains, je vois ce qui n'est pas ;
Rien ne se meut dans l'ombre, et moi, j'entends ses pas.
Je me soulève encor vers sa mourante image ;
Une rosée affreuse inonde mon visage.
Le jour m'éclaire en vain : sur ce vêtement blanc,
Sur mon sein, sur mes bras, du sang ! partout du sang !
Dieu le veut, Dieu le veut : non, ce n'est pas folie ;
Dieu ne peut oublier, et défend que j'oublie ;
Dieu me dit qu'à venger mon père assassiné
Ce baptême de sang m'avait prédestiné.
Ah ! mon père ! mon père !

COMMINE.

On vient : de la prudence.
Le dauphin vous attend ; fuyez.

NEMOURS, se remettant par degrés.

En leur présence
Vous verrez qu'au besoin je suis maître de moi.

COMMINE, tandis que Nemours sort par une porte latérale.

Si je parle, il est mort ; si je me tais...

UN OFFICIER DU CHATEAU, annonçant.

Le roi !

SCÈNE VII.

LOUIS, COMMINE, COITIER, OLIVIER-LE-DAIN, LE COMTE DE DREUX, BOURGEOIS, CHEVALIERS.

LOUIS, au comte de Dreux:

Ne vous y jouez pas, comte, par la croix sainte !
Qu'il me revienne encore un murmure, une plainte;
Je mets la main sur vous, et, mon doute éclairci,
Je vous envoie à Dieu pour obtenir merci.
Le salut de votre âme est le point nécessaire :
Dieu la prenne en pitié! le corps, c'est mon affaire;
J'y pourvoirai.

LE COMTE DE DREUX.

Du moins je demande humblement
Que votre majesté m'écoute un seul moment.

LOUIS.

Ah! mon peuple est à vous! et, roi sans diadème,
Vous exigez de lui plus que le roi lui-même!
Mais mon peuple, c'est moi; mais le dernier d'entre eux,
C'est moi; mais je suis tout; mais quand j'ai dit : Je veux,
On ne peut rien vouloir passé ce que j'ordonne;
Et qui touche à mon peuple attente à ma personne.
Vous l'avez fait.

LE COMTE DE DREUX.

Croyez...

ACTE II, SCÈNE VII.

LOUIS.

Ne me dites pas non.
Enrichi des impôts qu'on perçoit en mon nom,
Pour cinq cents écus d'or vous en levez deux mille
Sur d'honnêtes bourgeois, et de ma bonne ville,

(En les montrant.)

Gens que j'estime fort, pensant bien, payant bien.
Regardez ce feu roi que vous comptez pour rien ;
Est-il mort ou vivant ? regardez-moi donc !

LE COMTE DE DREUX, en tremblant.

Sire...

LOUIS.

Je ne suis pas si mal qu'on se plaît à le dire :
Quelque feu brille encor dans mon œil en courroux ;
Je vis, et le malade est moins pâle que vous.
Quoique vieux, je suis homme à lasser votre attente,
Beau sire ; et, moi régnant, le bon plaisir vous tente!
Qui s'en passe l'envie affronte un tel danger,
Que le cœur doit faillir seulement d'y songer.
A moi de droit divin, à moi par héritage,
Il n'appartient qu'à moi de fait et sans partage.
Pour y porter la main c'est un mets trop royal :
A de plus grands que vous il fut jadis fatal.
J'ai réduit au devoir les vassaux indociles ;
Olivier, tu m'as vu dans ces temps difficiles.

OLIVIER.

Oui, sire, et tel encor je vous vois aujourd'hui.

LOUIS.

Plus nombreux, ils levaient le front plus haut que lui.
La moisson fut sanglante et de noble origine;
Mais j'ai fauché l'épi si près de la racine,
Chaque fois qu'un d'entre eux contre moi s'est dressé,
Qu'on cherche en vain la place où la faux a passé.
Elle abattit Nemours : trop rigoureux peut-être,
Je le fus pour l'exemple et je puis encor l'être.

(Au comte.)

Avez-vous des enfans?

LE COMTE DE DREUX, bas à Coitier.

De grâce...

COITIER.

Eh! chassez-nous,
Chassez-moi le premier, sire, ou ménagez-vous;
La colère fait mal.

LOUIS.

Il est vrai, je m'emporte;
Je le peux : je suis bien, très bien; j'ai la voix forte.
L'aspect de ce saint homme a ranimé mon sang.

COITIER.

N'ayez donc foi qu'en lui; mais cet œil menaçant,
Et de tous ces éclats l'inutile bravade,
Ne vont pas mieux, je pense, au chrétien qu'au malade.

ACTE II, SCÈNE VII.

LOUIS.

Coitier!

COITIER.

N'espérez pas m'imposer par ce ton;
Vous avez tort.

LOUIS, avec plus de violence.

Coitier!

COITIER.

Oui, tort, et j'ai raison;
Tenez, le mal est fait, vous changez de visage.

LOUIS.

Comment, tu crois?

COITIER.

Sans doute.

LOUIS, avec douceur.

Eh bien! je me ménage.

COITIER.

Non pas; souffrez, mourez, si c'est votre désir.

LOUIS.

Allons!...

COITIER.

Dites : Je veux; tranchez du bon plaisir.

LOUIS.

La paix!

COITIER.

Vous êtes roi : pourquoi donc vous contraindre?

Mais après, jour de Dieu! ne venez pas vous plaindre.

LOUIS, à Coitier, en lui prenant la main.

La paix!

(Au comte, froidement.)

Pour vous, rendez ce que vous avez pris;
Rachetez sous trois jours votre tête à ce prix :
Autrement, convaincu que vous n'y tenez guère,
Je la ferai tomber, et cela sans colère.

(A Coitier.)

La colère fait mal.

LE COMTE DE DREUX.

Je me soumets.

LOUIS, aux bourgeois.

Eh bien!
De mon peuple opprimé suis-je un ferme soutien?
Sur ce qu'on vous rendra, récompensez le zèle
De messire Olivier, mon serviteur fidèle :
Cinq cents écus pour lui qui m'a tout dénoncé!

OLIVIER, avec humilité.

Sire!

LOUIS.

N'en veux-tu pas?

OLIVIER.

Votre arrêt prononcé,
Que justice ait son cours.

LOUIS, à Coitier.

Et si ton roi t'en presse,
N'accepteras-tu rien, toi qui grondes sans cesse?

COITIER, avec un reste d'humeur.

Je n'en ai guère envie, à moins d'être assuré
Que mon malade enfin se gouverne à mon gré.

LOUIS, à Coitier.

D'accord.

(aux bourgeois.)

Deux mille écus ne sont pas une affaire,
Et c'est pour des sujets une bonne œuvre à faire.
Vous les lui compterez, n'est-ce pas, mes enfans?
Il veille jour et nuit sur moi qui vous défends,
Qui vous rends votre bien, qui vous venge et vous aime.
Quelque vingt ans encor je compte agir de même.
Je me sens rajeunir, qu'on le sache à Paris;
En portant ma santé, dites que je guéris,
Et que vers les Rameaux vienne un jour favorable,
Chez un de mes bourgeois j'irai m'asseoir à table.
Le ciel vous soit en aide!

(au comte qui se retire avec eux.)

Un mot!

(à Coitier.)

Je n'en dis qu'un.

(au comte.)

Pareil jeu coûta cher au seigneur de Melun.

Il était comte aussi; partant, prenez-y garde;
Votre salaire est prêt, et Tristan vous regarde.
Même orgueil, même sort. J'ai dit, retirez-vous.

(aux chevaliers et aux courtisans.)

Ce que j'ai dit pour un, je le ferais pour tous.

SCÈNE VIII.

LOUIS, COMMINE, COITIER, OLIVIER-LE-DAIN, CHEVALIERS, COURTISANS.

OLIVIER.

Sire, les envoyés des Cantons helvétiques...

LOUIS.

Qu'ils partent!

OLIVIER.

Sans vous voir?

LOUIS.

Je hais les républiques.

COMMINE.

Leurs droits sont reconnus par votre majesté;
Et libres...

LOUIS.

Je le sais : liberté! liberté!
Vieux mot qui sonne mal, que je suis las d'entendre.
Il veut dire révolte à qui sait le comprendre.
Libres! des paysans, des chasseurs de chamois!

ACTE II, SCÈNE VIII.

Leur pays ne vaut pas mes revenus d'un mois.

COMMINE.

Ils n'en savent pas moins le défendre avec gloire,
Et le duc de Bourgogne...

LOUIS.

On devait, à les croire,
Pour ménager le temps, m'éveiller ce matin.
Montagnards sans respect ! Et sur leur front hautain,
Brûlé des vents du nord, dans leurs glaces stériles,
Une santé !...

OLIVIER.

Mon Dieu ! sire, les plus débiles
Sont celles qui souvent tiennent le plus long-temps :
Sans m'en porter moins bien je meurs depuis vingt ans.

LOUIS.

Pauvre Olivier ! mais va, reçois-les ; fais en sorte
Que ces pâtres armés n'assiégent plus ma porte.
Libres ! soit ; mais ailleurs. Qu'ils partent, je le veux.
Contre mon beau cousin prendre parti pour eux !
Moi ! j'en suis incapable, et je prétends le dire
Au comte de Réthel, pour peu qu'il le désire.

(bas à Olivier.)

Traite avec eux.

OLIVIER, de même.

Comment ?

LOUIS.

A ton gré; mais sois prompt.
Donne ce qu'il faudra, promets ce qu'ils voudront.

OLIVIER.

Il suffit.

LOUIS, haut.

Des égards, et fais-leur bon visage;
Qu'un splendide banquet les dispose au voyage.
Mes Écossais et toi, chargez-vous de ce soin.

(à voix basse.)

Avec nos vins de France on peut les mener loin.
Des Suisses, c'est tout dire.

(à Coitier.)

Où vas-tu?

COITIER.

De la fête
Je veux prendre ma part.

LOUIS.

Va donc leur tenir tête;
Mais de par tous les saints, Coitier, veille sur toi!

COITIER.

Répondez-moi de vous, je vous réponds de moi.

LOUIS, pendant que Coitier s'éloigne.

Indulgens pour leurs goûts, sans pitié pour les nôtres,
Voilà les médecins.

COITIER, revenant.

Oui, sire, eux et bien d'autres,
Dont votre majesté cependant fait grand cas,
Qui prêchent l'abstinence et ne l'observent pas.

LOUIS.

Va, railleur!

SCÈNE IX.

LES PRÉCÉDENS, excepté COITIER et OLIVIER-LE-DAIN.

MARIE entre vers le milieu de cette scène.

LOUIS, s'approchant de Commine.

Eh bien donc, ce comte?

COMMINE.

Incorruptible.

LOUIS.

Erreur!

COMMINE.

J'affirme...

LOUIS.

Eh non!

COMMINE.

Sire...

LOUIS.

C'est impossible.

COMMINE.

Il repoussait vos dons.

LOUIS

Refus intéressés.

COMMINE.

Pour qu'il les acceptât, que faire?

LOUIS.

Offrir assez.
Je traiterai moi-même, et serai plus habile.
Qu'il vienne.

COMMINE.

Croyez-moi, le voir est inutile.
Ne le recevez pas, sire.

LOUIS.

J'aurais grand tort.
Vrai Dieu ! mon bon parent me croirait déjà mort.
Allez chercher le comte.

SCÈNE X.

LES PRÉCÉDENS, excepté COMMINE.

LOUIS.

Ah! te voilà, Marie!
As-tu fait dans les champs une moisson fleurie?

ACTE II, SCÈNE X.

MARIE.

J'en puis prendre à témoin les buissons d'alentour;
S'il y reste une fleur!...

LOUIS.

J'attendais ton retour;
Parle-moi du saint homme : a-t-il en ta présence
De quelque moribond ranimé l'existence?
Quel miracle as-tu vu?

MARIE.

Pas un, sire.

LOUIS.

On m'a dit
Qu'il voulait pour moi seul réserver son crédit.
En fait de guérisons, qu'il n'en demande qu'une,
La mienne; Dieu ni roi ne veut qu'on l'importune.
Mais va, ma belle enfant, offrir un nouveau don
A la Vierge des bois dont tu portes le nom;
Je te joindrai bientôt dans son humble chapelle.

MARIE.

Je pars, sire.

LOUIS, *lui donnant une chaîne d'or.*

Ah! tiens, prends; c'est mon présent.

MARIE.

Pour elle?

LOUIS.

Pour toi.

MARIE.

Grand merci!

(Elle fait quelques pas pour sortir. Nemours entre avec le dauphin, Commine, Toison-d'Or et sa suite.)

MARIE, reconnaissant Nemours.

Ciel!

LOUIS, qui l'observe.

Qu'a-t-elle donc?

(à Marie.)

Sortez.

Sur vos gardes, Tristan! messieurs, à mes côtés.

(Il va s'asseoir.)

SCÈNE XI.

LOUIS, LE DAUPHIN, NEMOURS, COMMINE, TOISON-D'OR, chevaliers français et bourguignons.

NEMOURS, sur le devant de la scène.

Je sens mon corps trembler d'une horreur convulsive;
C'est lui, c'est lui, mon père! et Dieu souffre qu'il vive!

LOUIS, après avoir parcouru les lettres de créance que le héraut lui présente à genoux.

Largesse à Toison-d'Or!... Interdit devant nous,
Vous paraissez troublé, comte, rassurez-vous.

NEMOURS.

On pâlit de colère aussi bien que de crainte;

Et tels sont les griefs dont je viens porter plainte,
Sire, que sur mon front, où vous voyez l'effroi,
La fureur qui m'agite a passé malgré moi.

LOUIS.

Ces griefs, quels sont-ils?

NEMOURS.

Vous allez les connaître :
Pour très puissant seigneur le duc Charles, mon maître,
Premier pair du royaume, et prince souverain...

LOUIS.

Je connais les états dont je suis suzerain;
Comte, passons aux faits.

NEMOURS.

A vous donc, roi de France,
Son frère par le sang, comme par l'alliance,
Moi, venu sur son ordre et parlant en son nom,
J'expose ici les faits pour en avoir raison.
Je me plains qu'au mépris de la foi mutuelle,
Vous avez des Cantons embrassé la querelle.
Prêtant aide et secours à leurs déloyautés,
Vous les protégez, sire; et quand ces révoltés
Nous jettent fièrement le gage des batailles,
Vous recevez leurs chefs, présens dans ces murailles.

LOUIS, vivement.

Je ne les ai pas vus, et ne les verrai pas.
Poursuivez.

NEMOURS.

Je me plains que Chabanne et Brancas,
Comme à la paix jurée, à l'honneur infidèles,
Ont la lance à la main surpris nos citadelles,
Et, malgré les sermens que Louis de Valois,
Que le roi très chrétien a prêtés sur la croix,
Ont, en lâches qu'ils sont, par force et félonie,
Fait prévaloir des droits qu'un traité lui dénie.

LOUIS.

S'ils l'ont fait, que le tort leur en soit imputé;
Ils ont agi tous deux contre ma volonté.

NEMOURS.

J'en demande une preuve.

LOUIS.

Et vous l'aurez.

NEMOURS.

Mais prompte,
Mais décisive.

LOUIS.

Enfin?

NEMOURS.

Leur châtiment.

LOUIS.

Vous, comte!
Quels que soient vos pouvoirs, c'est par trop exiger;
Car je dois les entendre avant de les juger.

ACTE II, SCÈNE XI.

NEMOURS, avec emportement.

Eh! sire dans vos mains la hache toujours prête
A frappé pour bien moins une plus noble tête.

LOUIS, se levant.

Laquelle?

NEMOURS.

Dieu le sait; quand il vous jugera,
Dieu, qui condamne aussi, vous la présentera.

LOUIS.

La vôtre est dans mes mains.

NEMOURS.

Et vous la prendrez, sire;
Mais écoutez d'abord ce qui me reste à dire.

COMMINE.

Comte!...

LOUIS, qui s'assied.

Le Téméraire est bien représenté.
Jamais ce nom par lui ne fut mieux mérité;
Convenez-en, messieurs!

(à Nemours.)

Mais achevez.

NEMOURS.

Je l'ose,
Quoi qu'il puisse advenir pour mes jours ou ma cause.
Soyez donc attentifs, vous, leur maître après Dieu,
Vous, féaux chevaliers, vous, seigneurs de haut lieu,

Dont jamais l'écusson, terni par une injure,
Lui vînt-elle du roi, n'en garda la souillure.
Charles, sur les griefs dont cet écrit fait foi,
Attend et veut justice, ou déclare par moi
Qu'au nom du bien public et de la France entière,
Des lions de Bourgogne il reprend la bannière.
Pour tout duché, comté, fief ou droit féodal,
Qu'il tient de la couronne à titre de vassal,
De l'hommage envers vous lui-même il se relève,
Et sa foi qu'il renie, il la rompt par le glaive.
Il s'érige en vengeur du présent, du passé,
Du sang des nobles pairs traîtreusement versé;
Devant Dieu contre vous et vos arrêts injustes
Se fait le champion de leurs ombres augustes,
Les évoque à son aide; et comme chevalier,
Comme pair, comme prince, en combat singulier,
Au jugement du ciel pour ses droits se confie :
Sur quoi, voici son gage, et ce gant vous défie !
Qui le relève ?

LE DAUPHIN, qui s'élance et le ramasse.

Moi, pour Valois et les lis !
TOUS LES CHEVALIERS.

Moi, moi, sire !
LOUIS, qui s'est levé.

Vous tous, lui le premier, mon fils !
Mon fils, si jeune encore, et son bras les devance !

ACTE II, SCÈNE XI.

Bien! Charles!...Pâque-Dieu! c'est un enfant de France!
LE DAUPHIN, attendri.

Mon père!...
LOUIS, froidement.

Assez! assez!

(au héraut.)

Prends ce gant, Toison-d'Or :

(montrant le dauphin.)

Froissé par cette main, il est plus noble encor.

(à Nemours.)

Vous à qui je le rends, bénissez ma clémence :
Si je ne pardonnais un acte de démence,
Quand ce gage en tombant m'insultait aujourd'hui,
Votre tête à mes pieds fût tombée avec lui.
J'estime la valeur, et j'excuse l'audace.

(aux chevaliers.)

Que nul de vous, messieurs, ne soit juste à ma place!
C'est le roi qu'on outrage, et je laisse à juger
Si je me venge en roi de qui m'ose outrager.

(à Nemours.)

Je garde cet écrit ; nous le lirons ensemble,
Comte ; ce jour permet qu'un lieu saint nous rassemble ;
Nous nous y reverrons en amis, en chrétiens,
Et j'oublîrai vos torts pour m'occuper des miens.
NEMOURS, en sortant.

J'ai fait mon devoir, sire, et j'aurai le courage,

Fût-ce au prix de mes jours, d'achever mon ouvrage.

LOUIS, qui fait signe à tout le monde de se retirer et à Tristan d'attendre au fond.

Commine, demeurez.

SCÈNE XII.

LOUIS, COMMINE; TRISTAN, au fond.

COMMINE.

Que ne m'avez-vous cru,
Sire? devant vos yeux il n'aurait point paru.

LOUIS.

Je ne hais pas les gens que la colère enflamme :
On sait mieux et plus tôt tout ce qu'ils ont dans l'ame.
Il faut rassurer Charle en signant ce traité;
J'entrevois qu'il se perd par sa témérité.
Son digne lieutenant, Campo-Basso, qu'il aime,
Se vendrait au besoin, et le vendrait lui-même :
Pour trahir à propos il n'a pas son égal.
L'orgueil de mon cousin doit le mener à mal;
Et si, comme à Morat, le ciel veut qu'il l'expie,
L'arrêter en chemin serait une œuvre impie.

(après une pause.)

Mais mon fils...

COMMINE.

Que d'espoir dans sa jeune valeur!

ACTE II, SCÈNE XII.

Digne appui de son père, avec quelle chaleur
Il s'armait pour venger une cause si belle!

LOUIS.

Il serait dangereux s'il devenait rebelle.

COMMINE.

Quoi, sire...

LOUIS.

Je m'entends, et par moi-même, enfin,
Je sais contre son roi ce que peut un dauphin.
Mais, dites-moi, ce comte, il connaît votre fille?

COMMINE, étonné.

Lui?

LOUIS, vivement.

Répondez.

COMMINE, avec embarras.

J'ai su qu'admis dans ma famille...
J'étais en France.

LOUIS.

Après?

COMMINE.

J'ai su confusément
Qu'il la vit.

LOUIS.

Qu'il l'aima? Parlez-moi franchement.

COMMINE.

Le comte à sa beauté ne fut pas insensible.

LOUIS.

Il l'aime, et vous croyez qu'il est incorruptible!...
Renfermez-vous chez moi; sur ma table en partant
J'ai préparé pour vous un travail important.

COMMINE.

Ne vous suivrai-je pas?

LOUIS.

Non : montrez-moi du zèle,
Mais ici même; allez!

(pendant que Commine s'éloigne.)

J'en saurai plus par elle.

SCÈNE XIII.

LOUIS, TRISTAN.

LOUIS.

Viens!

TRISTAN.

Me voici.

LOUIS.

Plus près.

TRISTAN.

Là, sire?

LOUIS.

Encore un pas.

TRISTAN.

J'écouterai des yeux, vous pouvez parler bas.

ACTE II, SCÈNE XIII.

LOUIS.

Eh bien! de ce vassal j'ai pardonné l'outrage.

TRISTAN.

Vous l'avez dit.

LOUIS.

C'est vrai.

TRISTAN.

J'en conclus que c'est sage.

LOUIS.

Je traite avec lui.

TRISTAN.

Vous!

LOUIS.

Ce mot te surprend?

TRISTAN.

Non :
Quoi que fasse mon maître, il a toujours raison.

LOUIS.

Pourtant à mon cousin si l'avenir réserve
Un revers décisif... que le ciel l'en préserve!

TRISTAN.

Moi, le vœu que je fais, c'est qu'il n'y manque rien.

LOUIS.

Tu n'es pas bon, Tristan; ton vœu n'est pas chrétien.
Mais si Dieu l'accomplit, tout change alors.

TRISTAN.

Sans doute.

LOUIS.

Laisser aux mains du comte un traité qui me coûte,
Est-ce prudent?

TRISTAN.

Tous deux sont à votre merci.

LOUIS.

Respect au droit des gens! Non pas; non, rien ici.

TRISTAN.

Comment anéantir un acte qu'il emporte?

LOUIS.

Je lui donne au départ une brillante escorte.

TRISTAN.

Pour lui faire honneur?

LOUIS.

Oui; moi, son hôte et seigneur,
Comme tu dis, Tristan, je veux lui faire honneur.

TRISTAN.

Qui doit la commander?

LOUIS.

Toi, jusqu'à la frontière.

TRISTAN.

Ah! moi.

LOUIS.

Compose-la.

ACTE II, SCÈNE XIII.

TRISTAN.

Comment?

LOUIS.

A ta manière.

TRISTAN.

D'hommes que je connais?

LOUIS.

D'accord.

TRISTAN.

Intelligens?

LOUIS.

D'hommes à toi.

TRISTAN.

Nombreux?

LOUIS.

Plus nombreux que ses gens:
Pour lui faire honneur.

TRISTAN.

Certe.

LOUIS.

Et qui sait?... Mais écoute:
C'est l'Angelus?

TRISTAN.

Oui, sire.

(Louis retire son chapeau pour faire une prière, et Tristan l'imite.)

LOUIS, *se rapprochant de Tristan après avoir prié.*

Et qui sait? sur la route...
Il est fier.

TRISTAN.

Arrogant.

LOUIS.

Dans un bois écarté,
Par les siens ou par lui tu peux être insulté?

TRISTAN.

Je le suis.

LOUIS.

Défends-toi.

TRISTAN.

Comptez sur moi.

LOUIS.

J'y compte.
Tu reprends le traité.

TRISTAN.

C'est fait.

LOUIS.

Bien!

TRISTAN.

Mais le comte...

LOUIS.

Tu ne me comprends pas.

TRISTAN.

Il faut donc...?

LOUIS.

Tu souris ; Adieu, compère, adieu ; tu comprends.

TRISTAN.

J'ai compris.

FIN DU DEUXIÈME ACTE.

ACTE TROISIÈME.

Une forêt : d'un côté la chapelle de Notre-Dame-des-Bois, dont le portail rustique s'avance, élevé de quelques degrés ; de l'autre, un banc au pied d'un arbre.

Au lever du rideau, le tableau animé d'une fête de village : on danse en rond sur le devant de la scène.

SCÈNE I.

MARCEL, RICHARD, DIDIER, MARTHE,
PAYSANS, SOLDATS, MARCHANDS, ETC.

MARCEL, chantant.

Quel plaisir !... Jusqu'à demain
Sautons au bruit du tambourin ;
Pour étourdir le chagrin,
Fillettes,
Musettes,
Répétez mon refrain !

A la gaité ce beau jour nous convie :
L'esprit libre et le cœur content,
Demandons tous bonheur et longue vie
Pour le roi que nous aimons tant...

MARTHE, qui s'approche de Marcel.

Va-t-il mieux ?

MARCEL.

Je le crois; mais qui le sait? personne.

MARTHE.

Qu'un roi traîne long-temps, Marcel!

MARCEL.

La place est bonne,
On y tient tant qu'on peut.

RICHARD.

La santé vaut de l'or;
Et la sienne, dit-on, coûte cher au trésor.

DIDIER.

Témoin les collecteurs dont nous sommes la proie.

MARCEL.

Oui; des impôts sur tout, même sur notre joie!
J'aime à me divertir; mais doit-on m'y forcer?

MARTHE.

Quand on danse pour soi, c'est plaisir de danser;
Mais pour autrui!

DIDIER.

Par ordre!

RICHARD.

Et quand la peur vous glace!
La corvée est moins rude.

MARCEL.

On peut venir : en place!
Quel plaisir!... Jusqu'à demain.

ACTE III, SCÈNE I.

Sautons au bruit du tambourin ;
Pour étourdir le chagrin,
Fillettes,
Musettes,
Répétez mon refrain !

Lorsqu'à bien rire ici l'on nous invite,
Que nos seigneurs sont indulgens !
Chantons en chœur ce bon Tristan l'Ermite,
Qui fait danser les pauvres gens.

DIDIER, à Marcel.

Voici des Écossais !

UN MARCHAND.

Mon bon seigneur, de grâce,
Payez.

MARCEL.

Sur quelque objet un d'eux a fait main basse.

PREMIER ÉCOSSAIS, au marchand.

Non, de par saint Dunstan !

LE MARCHAND.

Le quart ?

L'ÉCOSSAIS.

Pas un denier.

Si je payais un juif, que dirait l'aumônier ?
Hors d'ici ! mécréant !

DEUXIÈME ÉCOSSAIS, à Marthe.

Un mot, la belle fille !

MARCEL.

Mais, c'est ma femme !

L'ÉCOSSAIS.

Eh bien ! je suis de la famille,
Et je l'embrasserai.

MARCEL, ôtant son chapeau.

C'est grand honneur pour moi.

DEUXIÈME ÉCOSSAIS.

Tu dois sur sa beauté la dîme aux gens du roi ;
Je la prends : dès demain nous te rendrons visite.

(Ils passent.)

MARCEL.

Puissent-ils m'épargner leur présence maudite !

MARTHE, s'essuyant la joue.

Rien n'est sacré pour eux.

DIDIER.

Ils nous font plus de mal
Que le vent, que la grêle et le gibier royal.

RICHARD.

Travaillez donc ! rentrez vos récoltes nouvelles,
Pour que, fondant sur vous de leurs nids d'hirondelles,
Ils viennent par volée apporter la terreur,
La honte et la disette où s'abat leur fureur.

MARTHE.

Ils ont du pauvre Hubert séduit la fiancée.

RICHARD.

De mon unique enfant la vie est menacée.

DIDIER.

Quand les verrons-nous donc mourir jusqu'au dernier,
Eux, et quelqu'un encor!

MARCEL.

    Chut! Messire Olivier!
En place : le voici!

  Quel plaisir!... Jusqu'à demain
  Sautons au bruit du tambourin!
  Pour étourdir le chagrin,
    Fillettes,
    Musettes,
  Répétez mon refrain!

SCÈNE II.

Les précédens, OLIVIER.

OLIVIER.

    Bien! mes amis, courage!
C'est signe de bonheur quand on chante au village.

MARCEL.

Vous voyez, monseigneur, si nous sommes joyeux.

OLIVIER.

Je venais ici même en juger par mes yeux.
J'aime le peuple, moi.

MARCEL.

Grand merci.

OLIVIER.

Je l'estime.

MARCEL, bas à Marthe.

Il en était.

MARTHE.

Tais-toi.

OLIVIER.

Que la fête s'anime :
Allons ! riez, dansez ! le roi le veut ainsi ;
Il fait de vos plaisirs son unique souci.

MARTHE.

Au frais, sous la feuillée, on s'est mis en cadence ;
Nous n'avions garde au moins de manquer à la danse,
Vu que le grand-prévôt nous a fait avertir
D'avoir, midi sonnant, à nous bien divertir.

RICHARD.

Et sous peine sévère !

MARCEL.

Il n'admet pas d'excuse,
Le bon seigneur Tristan, quand il veut qu'on s'amuse.
Aussi vous concevez qu'on est venu gaîment
Et nous nous amusons de premier mouvement.

OLIVIER.

C'est bien fait.

MARTHE.

De tout cœur.

OLIVIER.

Je vous en félicite.
Il se peut que le roi de ce beau jour profite.

DIDIER.

Le roi!

OLIVIER.

Qu'il vienne ici.

MARCEL.

Parmi nous?

OLIVIER.

Oui, vraiment.
Qu'as-tu donc?

MARCEL.

C'est la joie et... le saisissement:
Le roi!

OLIVIER.

Que direz-vous à cet excellent maître?
Vous allez lui parler, mais sans le reconnaître.

MARCEL.

Je ne l'ai jamais vu qu'à travers les barreaux,
Un soir que nous dansions, là-bas sous les créneaux.
Quand je dis je l'ai vu, j'explique mal la chose:
J'ai voulu regarder, mais un roi vous impose.

OLIVIER.

Avais-tu peur?

MARCEL.

Moi, peur! non; mais en y pensant,
J'avais comme un respect qui me glaçait le sang.
Richard, tu vas parler.

RICHARD, à Didier.

Toi.

MARTHE.

J'en fais mon affaire,
Moi, si l'on veut.

OLIVIER.

Vous tous.. Il faudra le distraire,
Lui réjouir le cœur par quelque vieux refrain,
Par quelque bon propos.

MARCEL.

Il a donc du chagrin?

OLIVIER.

Non pas! lui répéter qu'il se porte à merveille.

MARTHE.

Il va donc mal?

OLIVIER.

Eh non! lui conter à l'oreille
Tout ce que vous pensez.

MARCEL.

Comment, tout?

OLIVIER.

Pourquoi non?

MARCEL.

Bien! moi, je me plaindrai des gens de sa maison.

MARTHE.

Moi, de ses Écossais.

DIDIER.

Moi, de la vénerie.

RICHARD.

Moi, de la taille.

UN PAYSAN.

Et moi....

OLIVIER.

Halte-là, je vous prie:
D'où vous vient cette audace?

MARCEL.

Excusez, monseigneur.
Nous pensons...

OLIVIER.

Vous pensez qu'il fait votre bonheur.

MARCEL.

C'est vrai.

OLIVIER.

Que vous l'aimez.

MARCEL.

C'est juste.

OLIVIER.

Comme un père.

MARCEL.

Sans doute.

OLIVIER.

Il m'est prouvé par cet aveu sincère
Que vous pensez ainsi?

MARCEL.

D'accord.

MARTHE.

Pas autrement.

OLIVIER.

Eh bien! dites-le donc, et parlez franchement.

MARCEL.

Sans détour.

OLIVIER.

Le voilà qui sort de l'ermitage.

MARCEL.

Ah! ce vieillard si pâle!

OLIVIER.

Il a très bon visage.

MARCEL.

Oui, monseigneur.

OLIVIER.

Chantez!

MARCEL, d'une voix éteinte.

Quel plaisir !... Jusqu'à demain...
Sautons...

OLIVIER, avec colère.

Ferme, soutiens ta voix ;
De la gaîté, morbleu !... Chantez tous à la fois.

MARCEL ET LE CHOEUR.

Quel plaisir !... Jusqu'à demain
Sautons au bruit du tambourin ;
Pour étourdir le chagrin,
Fillettes,
Musettes,
Répétez mon refrain !

SCÈNE III.

LES PRÉCÉDENS, LOUIS, QUELQUES ÉCOSSAIS
qui restent dans le fond.

(Pendant cette scène et les suivantes, Tristan paraît de temps à autre, comme pour veiller sur le roi.)

LOUIS, qui arrive à pas lents, et tombe épuisé sur le banc.

Le soleil m'éblouit, et sa chaleur m'oppresse :
L'air était moins pesant, plus pur, dans ma jeunesse ;
Les climats ont changé.

OLIVIER, lui montrant les paysans.

Mêlez-vous à leurs jeux :
Vous êtes inconnu ; parlez-leur.

LOUIS.

Tu le veux?

OLIVIER, aux paysans.

Ce seigneur de la cour a deux mots à vous dire :
Venez.

LOUIS, à Marthe.

Vous, la fermière.

MARTHE.

A vos ordres, messire.

LOUIS.

Comment faites-vous donc pour vous porter si bien?

MARTHE.

Comment?

LOUIS.

Dites-le-moi.

MARTHE.

Pour cela fait-on rien?
On y perdrait son temps; aussi, mauvaise ou bonne,
Nous prenons la santé comme Dieu nous la donne.
C'est chose naturelle, et qui vient, que je crois,
Ni plus ni moins que l'herbe et le gland dans les bois.
Pour m'en troubler la tête ai-je un instant de reste?
Que nenni! Le coq chante, et chacun d'un pas leste
Court s'acquitter des soins qu'exige la saison :
Le mari fait ses blés; la femme à la maison
Gouverne de son mieux la grange et le ménage.

L'appétit qui s'éveille, et qu'on gagne à l'ouvrage,
Change en morceau de roi le mets le plus frugal.
Jamais un lit n'est dur quand on fut matinal!
Le somme commencé jusqu'au jour on l'achève :
Qui n'a pas fait de mal n'a pas de mauvais rêve.
Puis revient le dimanche, et pour se ranimer,
On a, par-ci par-là, quelque saint à chômer.
Travail, bon appétit et bonne conscience,
Sommeil à l'avenant, voilà notre science
Pour avoir l'ame en paix et le corps en santé.
L'année arrive au bout, et l'on s'est bien porté.

LOUIS.

Quoi! jamais de chagrins?

MARCEL.

Dame! la vie humaine
N'a qu'un beau jour sur trois, c'est comme la semaine :
La pluie et le beau temps, la peine et le plaisir;
C'est à prendre ou laisser; on ne peut pas choisir.

LOUIS.

Pour vous est le plaisir, pour nous la peine.

MARTHE.

A d'autres!
Pensez à nos soucis, vous oublîrez les vôtres.
Quand le pain se vend cher, vous vous en troublez peu;
Tout en filant mon lin, j'y rêve au coin du feu.
Pourtant je chante encor: bonne humeur vaut richesse,

Et qui souffre gaîment a de moins la tristesse.
Quel que soit notre lot, nous nous en plaignons tous;
Mais le plus mécontent fait encor des jaloux.
Il n'est pauvre ici-bas qu'un plus pauvre n'envie;
Et quand j'ai, par malheur, des chagrins dans la vie,
Le sort d'un moins heureux me console du mien :
J'en vois qui sont si mal, que je me trouve bien.

MARCEL.

Maillard, notre cousin, doit un an sur sa ferme;
Donc je bénis le ciel, moi qui ne dois qu'un terme.

LOUIS, à Olivier.

Ces misérables-là font du bonheur de tout!

OLIVIER, au roi.

Bonheur qui sent le peuple.

MARTHE.

      Il est de notre goût;
Qui nous dit qu'un plus grand nous plairait davantage?

OLIVIER, qui fait signe à Marthe.

Mais chacun dans ce monde a ses maux en partage :
Vous aussi.

LOUIS.

   Répondez : n'avez-vous pas vos maux;
Partant des médecins?

MARCEL.

     Oui-dà! pour nos troupeaux;
Mais pour nous, que non pas!

LOUIS.

    La raison?

MARCEL.

                Elle est claire :
Ils prennent votre argent souvent sans vous rien faire.
Leur bailler mes écus, pas si simple! il vaut mieux
Acheter au voisin un quartaut de vin vieux,
Et pour m'administrer ce remède que j'aime,
N'avoir de médecin que le chantre et moi-même.
Vu qu'on paie à grands frais tous ces donneurs d'espoir;
On croit en revenir, et puis crac! un beau soir
Plus personne!

LOUIS.

    Je souffre.

MARCEL.

            Au jour de l'échéance
Force est bien, malgré soi, d'acquitter sa créance.
Quel homme avec la mort a gagné son procès?

LOUIS, *se levant.*

Tu ne la crains donc pas, la mort?

MARCEL.

                Si j'y pensais,
J'aurais peur comme un autre, encore plus, j'imagine;
Mais pourquoi donc penser à ce qui vous chagrine?
Pour peu que le curé nous en parle au sermon,
Moi, je pense vignoble et je rêve moisson :

Ou je me dis tout bas ceci qui me console :
Notre petit Marcel est beau que j'en raffole.
Tous les ans il grandit : moi, mon temps; lui, le sien.
Amassons pour qu'un jour il ne manque de rien :
Que l'enfant nous regrette. Aussi bien, quoi qu'on fasse,
Il faut que tôt ou tard votre fils vous remplace.

LOUIS.

Mais le plus tard possible.

MARCEL.

Ah! c'est mieux.

OLIVIER.

Ignorant!

MARCEL.

J'ai tort.

OLIVIER.

Des médecins le savoir est si grand!

MARCEL.

Je parle du barbier de notre voisinage,
Et l'on sait ce que c'est qu'un barbier de village.

LOUIS, qui frappe sur l'épaule d'Olivier en riant.

Par Dieu, voici quelqu'un qui le sait mieux que toi,
Tout ministre qu'il est.

OLIVIER, à Marcel.

Pourquoi ris-tu?

MARCEL.

Qui? moi?

ACTE III, SCÈNE III.

Ce seigneur dit un mot qui me semble agréable :
J'en ris.

LOUIS.

Vous l'appelez maître Olivier-le-Diable ;
Conviens-en.

MARCEL, vivement.

Non.

LOUIS.

Si fait.

MARTHE, à Marcel.

Trop jaser nuit souvent :
Bouche close !

LOUIS.

Entre amis !

MARTHE.

Qu'on maudisse le vent,
Quand il abat les fruits ou découvre la grange ;
L'orage, quand trop d'eau fait couler la vendange ;
L'orage ni le vent ne s'en fâcheront pas :
Les grands, c'est autre chose : on a beau parler bas,
Tout ce qu'on dit sur eux leur revient à l'oreille ;
Et l'on pleure le jour d'avoir trop ri la veille.

OLIVIER, à Marthe.

Pourtant si quelqu'un d'eux disait du mal du roi,
Vous le dénonceriez ?

MARCEL.

C'est bien chanceux...

LOUIS.

Pourquoi ?

MARCEL.

L'argent qu'on gagne ainsi vous porte préjudice.

OLIVIER.

Rêves-tu ?

MARCEL.

Vos moutons meurent par maléfice ;
Vos blés sèchent sur pied. Tenez, l'autre matin,
Le fermier du couvent dénonça son voisin ;
La grêle à ses vergers fit payer sa sottise,
Tout périt ; et pourtant c'était du bien d'église.

OLIVIER.

Maître fou !

MARCEL.

Je l'ai vu : demandez à Richard.

RICHARD.

C'est sûr.

LOUIS, sévèrement.

Dieu l'a puni d'avoir parlé trop tard.

MARCEL.

Je vous crois : après tout, Dieu veuille avoir son ame.
Que vous sert votre argent si l'enfer vous réclame ?
Aussi mon cœur s'en va quand je vois sur le soir

Le convoi d'un défunt, les cierges, le drap noir,
Et l'office des morts avec les chants funèbres.
Je me dis : les démons sont là, dans les ténèbres ;
Ils vont le prendre, et l'or, qu'il aimait à compter,
Des griffes de Satan ne peut le racheter.

LOUIS.

Je me sens mal.

OLIVIER, à Marcel.

Poltron !

MARCEL.

J'en conviens, je frissonne ;
Pourtant j'ai bon espoir : je n'ai tué personne.

LOUIS, avec violence.

Va-t'en !

MARCEL.

Je l'ai fâché, mais si je sais comment...

OLIVIER.

Rustre !

LOUIS, à lui-même.

La mort, l'enfer, un éternel tourment !
Notre-Dame d'Embrun, soyez-moi secourable !

(à Marcel.)   (lui secouant le bras.)

Va-t'en... Non, viens, réponds : qui t'a dit, misérable,
De me parler ainsi ?

MARCEL, tombant à genoux.

Personne.

LOUIS.

On t'a payé;
Qui l'a fait?

MARCEL.

Si c'est vrai, que je sois foudroyé!

MARTHE.

Allez, méchant propos chez lui n'est pas malice,
C'est candeur.

MARCEL.

C'est bêtise : elle me rend justice.
Demandez-leur à tous, je suis connu.

LOUIS.

J'ai ri;

(à Marthe.)

Bien te prend d'être un sot. C'est donc là ton mari?

MARTHE.

Brave homme au demeurant, et que j'aime.

LOUIS.

Eh bien! passe :
Je lui pardonnerai; mais ne lui fais pas grâce,
Nomme tes amoureux.

MARTHE.

Chez nous rien de pareil!

LOUIS.

Avec ces traits piquans, ces yeux, ce teint vermeil!
Quoi! pas un? réfléchis, car cela le regarde.

MARCEL.

Marthe, nomme-les tous; je n'y prendrai pas garde.

MARTHE, en souriant.

Je n'en ai qu'un.

LOUIS.

Et c'est?

MARTHE.

Vous.

LOUIS, la prenant à bras-le-corps.

Vraiment!

MARTHE.

Finissez.

LOUIS.

Que crains-tu d'un vieillard?

MARTHE.

Pas si vieux!

LOUIS.

Mais assez

Pour se fier à lui.

MARTHE.

Je ne m'y firais guère;
Vous avez l'œil vif.

OLIVIER, bas à Marthe.

Bien!

MARTHE.

L'air d'un joyeux compère.

LOUIS.

Oui-dà?

MARTHE.

Fille avec vous pourrait courir gros jeu.

OLIVIER, de même à Marthe.

A merveille!

LOUIS.

Tu crois?

MARTHE.

Et si je forme un vœu,
C'est que, vous ressemblant d'humeur et de visage,
Le roi, qui se fait vieux, porte aussi bien son âge.

LOUIS.

D'où vient?

MARTHE.

Nous et nos fils nous aurions du bon temps;
Car vous êtes robuste, et vous vivrez cent ans.

LOUIS.

Cent ans! Tu l'aimes donc le roi?

MARTHE, à qui Olivier glisse dans la main une bourse qu'elle montre par derrière aux autres paysans.

Quelle demande!
Ne l'aimons-nous pas tous?

LES PAYSANS.

Oui, tous.

ACTE III, SCÈNE III.

MARTHE.

La France est grande;
Et chacun, comme nous, y bénit sa bonté.

LOUIS, attendri.

Tu l'entends?

OLIVIER.

Et par eux vous n'êtes pas flatté!

LOUIS, à Marthe.

Pâque-Dieu! mon enfant, c'est le roi qui t'embrasse!

MARTHE.

Le roi!

LES PAYSANS.

Vive le roi!

MARCEL.

Lui, son fils et sa race
A toute éternité!

LOUIS.

Braves gens que voilà!
Leurs vœux me vont au cœur.

OLIVIER.

C'est qu'ils partent de là.

LOUIS.

Pour la France et pour moi je vous en remercie.

(à Marthe.)

Ah! je vivrai cent ans! Eh bien! ta prophétie
Te vaudra des joyaux : prends ceci, prends encor..

(aux paysans.)
Allez vous réjouir avec ces écus d'or ;
Buvez à mes cent ans.

MARCEL.

Et plutôt dix fois qu'une.
Je veux à tous venans montrer notre fortune,
La compter devant eux.

MARTHE.

Et je leur dirai, moi,
Que j'ai reçu de plus deux gros baisers du roi.

SCÈNE IV.

LOUIS, OLIVIER.

LOUIS, avec émotion.

Il est doux d'être aimé !

OLIVIER.

C'est vrai.

LOUIS.

Je suis robuste.

OLIVIER.

Et ces femmes du peuple ont souvent prédit juste.

LOUIS.

Tu ris.

OLIVIER.

Non pas.

LOUIS.

Cent ans! m'en flatter, j'aurais tort!
Pourtant mon astrologue avec elle est d'accord.

OLIVIER.

Se peut-il?

LOUIS.

Chose étrange!

OLIVIER.

Et pour moi décisive :
De plus, c'est au moment où le saint homme arrive.

LOUIS.

Comme envoyé du ciel!

OLIVIER.

Sire, je la croirais.

LOUIS.

Oh! non... mais c'est possible, à cinq ou six ans près ;
Et fussé-je un cadavre usé par la souffrance,
Vivant, je voudrais voir ces tyrans de la France,
Ces vassaux souverains, réduits à leurs fleurons
De ducs sans apanage et d'impuissans barons,
N'offrir de leur grandeur que le noble fantôme ;
Je voudrais voir leurs fiefs démembrés du royaume,
S'y joindre, et ne former sous une même loi
Qu'un corps où tout fût peuple, oui, tout... excepté moi.

OLIVIER.

Plût au ciel!

LOUIS.

Mon cousin m'a fait plus d'une injure !
Qu'un bon cercueil de plomb m'en réponde, et je jure
Que les ducs bourguignons, mes sujets bien-aimés,
Seront dans son linceul pour jamais renfermés ;
Et qu'avec eux jamais mon royal héritage
N'aura maille à partir pour la foi ni l'hommage.
Mais il vit : parlons bas. Ce comte de Réthel,
Cet homme incorruptible, ou qu'on a jugé tel,
On l'entoure, on l'amuse, il n'a pas vu Marie.

OLIVIER, lui montrant la chapelle ouverte.

Elle est là.

LOUIS.

Je la vois.

OLIVIER.

C'est pour vous qu'elle prie.

LOUIS.

Avec cette ferveur et ce recueillement ?
Mon royaume, Olivier, que c'est pour un amant !

OLIVIER.

L'enjeu, si je le gagne, est difficile à prendre ;
Vos ennemis vaincus sont là pour me l'apprendre.

LOUIS, regardant toujours du côté de la chapelle.

Secret de jeune fille est parfois important ;
Je connaîtrai le sien. Qu'elle vienne !

ACTE III, SCÈNE IV.

OLIVIER, qui fait un pas pour sortir.

A l'instant.

LOUIS.

Prends soin que rien ne manque à la cérémonie.

OLIVIER.

La cour au monastère est déjà réunie,
Et doit se rendre ici quand votre majesté
Devant l'homme de Dieu va jurer le traité.

LOUIS.

Je veux qu'il sache bien, pour prolonger ma vie,
Que maintenir la paix est ma pieuse envie,
Que je commande en maître à mes ressentimens.

OLIVIER.

Les reliques des saints recevront vos sermens?

LOUIS, plus bas.

Non, la châsse d'argent suffit sans les reliques.

OLIVIER.

J'y pensais.

LOUIS.

Ce scrupule, aisément tu l'expliques;
Connaissant mon cousin, j'ai droit de soupçonner
Qu'un faux serment de lui pourrait les profaner.

(On entend retentir les cris de *Vive le dauphin!*)

Quel bruit!

OLIVIER.

Dans le hameau c'est le dauphin qui passe;

Ce peuple qui vous aime...

LOUIS (Les mêmes cris se répètent.)

Encor! Ce bruit me lasse:
Ils aiment tout le monde. A quoi bon ces transports?
Le dauphin! qu'on attende: il n'est pas roi. Va, sors,
Il vient.

(Olivier entre dans la chapelle.)

SCÈNE V.

LOUIS, LE DAUPHIN.

LOUIS.

Qu'avez-vous donc? vous pleurez de tendresse?

LE DAUPHIN.

Pour la première fois je goûte cette ivresse:
Qui n'en serait ému? partout, sur mon chemin,
Partout les mêmes cris!

LOUIS.

Vous partirez demain.

LE DAUPHIN.

Sitôt?

LOUIS.

C'est un poison, prince, que la louange.
Un jeune orgueil qu'on flatte aisément prend le change.
On se croit quelque chose, on n'est rien.

ACTE III, SCÈNE V.

LE DAUPHIN.

Je le sais.

LOUIS.

Beau sujet d'être heureux : des cris quand vous passez !
Le peuple, en ramassant un écu qu'on lui jette,
Fatigue de ses cris quiconque les achète.
Jugez mieux de l'accueil qu'on vous a fait ici :
J'ai parlé, j'ai payé pour qu'il en fût ainsi.

LE DAUPHIN.

Quoi ! sire, cette joie, elle était commandée ?

LOUIS.

Par moi.

LE DAUPHIN.

Mon cœur se serre à cette triste idée.

LOUIS.

Que la leçon vous serve : afin d'en profiter,
Sous les créneaux d'Amboise allez la méditer.

LE DAUPHIN.

Qu'ai-je donc fait ?

LOUIS.

Vous ! rien ; et qu'oseriez-vous faire ?
Que pouvez-vous ?

LE DAUPHIN.

Hélas ! pas même vous complaire.
C'est mon unique espoir, c'est mon vœu le plus doux ;
Mais...

LOUIS.

Parlez!

LE DAUPHIN.

Je ne puis.

LOUIS.

Pourquoi trembler?

LE DAUPHIN.

Moi?

LOUIS.

Vous.

LE DAUPHIN.

Du moins quand d'un vassal l'envoyé vous offense,
Je ne tremble pas.

LOUIS.

Non; mais prendre ma défense,
La prendre sans mon ordre, est aussi m'offenser.

LE DAUPHIN.

Dieu! j'ai cru que vos bras s'ouvraient pour me presser,
Que j'en allais sentir l'étreinte paternelle.

LOUIS.

Vision!

LE DAUPHIN.

Qu'à ce prix la mort m'eût semblé belle!
Si vous m'aimiez...

LOUIS.

Ainsi je ne vous aime pas?

LE DAUPHIN.

Pardonnez!

LOUIS.

Je vous hais?... Les enfans sont ingrats.
Je suis un homme dur?

LE DAUPHIN.

Sire!...

LOUIS.

Presque barbare?
Voilà comme on vous parle et comme on vous égare.

LE DAUPHIN.

Jamais.

LOUIS.

En s'y risquant on met sa vie au jeu :
On l'ose cependant.

LE DAUPHIN.

Jamais.

LOUIS.

Qui donc? Beaujeu?
Votre oncle d'Orléans? d'autres que je soupçonne?...
(avec bonhomie.)
Charles, mon fils, sois franc : sans dénoncer personne,
Nomme-les-moi tout bas; je ne veux pas punir,
Je veux savoir.

LE DAUPHIN.

Mon oncle aime à m'entretenir.

LOUIS.

Il te dit...?

LE DAUPHIN.

Que la France un jour m'aura pour maître ;
Que m'en faire chérir est mon devoir.

LOUIS, à part.

Le traître !

(haut.)

Et ne vous dit-il pas qu'affaibli par mes maux,
Je dois, oui... qu'avant peu je..., S'il le dit, c'est faux ;
Qu'enfin vous n'avez plus qu'à ceindre un diadème,
Qui dans vos jeunes mains va tomber de soi-même ?

LE DAUPHIN.

Dieu !

LOUIS.

C'est faux : mon fardeau me fait-il chanceler ?
Le poids d'un diadème est loin de m'accabler.
Deux, trois autres encor, devenant ma conquête,
Ne m'accableraient pas, et sur ma vieille tête
Accumulés tous trois, lui seraient moins pesans
Qu'une toque d'azur sur ce front de seize ans.

LE DAUPHIN.

Ah ! vivez ; c'est mon vœu quand j'ouvre la paupière ;
En refermant les yeux, le soir, c'est ma prière.
Quand je vois sur vos traits refleurir la santé,
Tout bas je bénis Dieu de m'avoir écouté.

Vivez : sous votre loi que la France prospère ;
Je le demande au ciel : qu'il m'exauce. Ah ! mon père,
Pour ajouter aux jours qui vous sont réservés,
S'il faut encor les miens, qu'il les prenne, et vivez !

LOUIS, en retirant sa main que le Dauphin veut baiser.

Non, non, je serais faible, et je ne veux pas l'être.
Allez.

(Le Dauphin, qui a fait un pas pour sortir, revient et baise la main du roi en la mouillant de pleurs.)

LOUIS, ému.

C'est un bon fils !... qui me trompe peut-être.

SCÈNE VI.

LOUIS, sur le devant de la scène ; LE DAUPHIN, MARIE.

LE DAUPHIN, bas à Marie qui sort de la chapelle.

Adieu ! pensez à moi !

MARIE.

Vous partez, monseigneur ?

LE DAUPHIN.

Demain.

(Il lui baise la main.)

. Vous voulez bien, vous !

SCÈNE VII.

LOUIS, MARIE.

LOUIS, tandis que Marie fait un signe de pitié au Dauphin, qui sort.

Il est plein d'honneur;
Je l'étais, et pourtant...

MARIE.

Pardon, sire!

LOUIS, à part.

Ah! c'est elle.

(haut.)

Approche, mon enfant; comme te voilà belle!

MARIE.

Chacun vient en parure à la fête du lieu.

LOUIS.

C'est agir saintement que se parer pour Dieu.

MARIE.

Je l'ai fait.

LOUIS.

Pour Dieu seul?

MARIE.

Pour qui donc?

LOUIS.

Je l'ignore.
A quelqu'un en secret tu voudrais plaire encore;
Pourquoi pas?

MARIE.

A vous, sire.

LOUIS.

A moi! je t'en sais gré;
Mais supposons qu'ici, par ta grâce attiré,
Quelque autre que ton roi...

MARIE.

Comment?

LOUIS.

Je le suppose.

MARIE.

Je ne vous comprends pas.

LOUIS.

Non? parlons d'autre chose;
J'ai tort de supposer.

(Il s'assied au pied de l'arbre.)

Viens t'asseoir près de moi;
Là, bien; ne rougis pas : ton malade avec toi,
Pour oublier ses maux, sans te fâcher, peut rire,
Et tu sais qu'un vieillard a le droit de tout dire.

MARIE.

Un monarque surtout.

LOUIS.

On me fait bien méchant.
Je suis bon homme au fond; j'eus toujours du penchant
A prendre le parti des filles de ton âge;

Aussi plus d'un hymen fut mon royal ouvrage.

MARIE.

Vous êtes un grand roi.

LOUIS.

Les jeunes mariés
Quelquefois me l'ont dit, j'en conviens.

MARIE.

Vous riez.

LOUIS.

Je songeais à t'offrir l'appui de la couronne;
Nous aurions réussi, mais tu n'aimes personne.

MARIE.

Moi, sire!

LOUIS.

Je le sais.

MARIE.

Pourtant vous m'accusiez.

LOUIS.

Je me trompais.

MARIE.

Enfin, ce que vous supposiez,
Qu'est-ce donc?

LOUIS.

Sans détour faut-il que je te parle?
Je pensais, faussement, qu'à la cour du duc Charle
Ton cœur... à dix-huit ans quoi de plus naturel!

ACTE III, SCÈNE VII.

S'était laissé toucher aux vœux d'un damoisel,
Brave, de haut lignage et d'antique noblesse.
Oh, j'avais, mon enfant, bien placé ta tendresse!

MARIE, vivement.

Poursuivez.

LOUIS.

Ce récit te semble intéressant.

MARIE.

Comme un conte.

LOUIS.

En effet, c'en est un. Quoique absent,
Ton chevalier de loin occupait ta pensée;
Et lui, jaloux de voir sa belle fiancée,
En ambassade...

MARIE, à part.

O ciel!

LOUIS.

Arrivé d'aujourd'hui,
Il venait de mes soins me demander l'appui
Pour conclure...

MARIE.

Un traité?

LOUIS.

Non pas : un mariage.

MARIE.

Et vous?

LOUIS.

J'y consentais; mais c'est faux; quel dommage!

MARIE.

Quoi, sire, vous savez...

LOUIS.

Moi, rien!

MARIE.

Grand Dieu! comment?
Par qui donc?

LOUIS.

C'est un conte, et tu n'as point d'amant;
Non; parlons d'autre chose.

MARIE.

Excusez un mystère
Que j'ai dû respecter.

LOUIS.

Ah! tu n'es pas sincère,
Tu te caches de moi : je m'en vengerai!

MARIE, effrayée.

Vous!
Grâce! pitié pour lui! je tombe à vos genoux!
Qui l'a trahi?

LOUIS, qui lui prend les mains en riant, tandis qu'elle est à ses pieds.

Le traître est ton père lui-même.

MARIE.

Il vous a dit?...

LOUIS.

Le nom du coupable qui t'aime.

MARIE.

Il l'a nommé?

LOUIS.

Mais oui.

MARIE.

Vous épargnez ses jours!
Vous pardonnez...

LOUIS.

Sans doute.

MARIE, avec un transport de joie.

A Nemours!

LOUIS, à part, en se levant.

C'est Nemours.

MARIE.

Que mon père attendri vous jugeait bien d'avance,
Lorsque d'un orphelin il protégea l'enfance!

LOUIS.

Bon Commine! en effet, c'est lui...

MARIE.

Qui l'a sauvé.
En exil par ses soins Nemours fut élevé.

LOUIS.

Excellent homme!

MARIE.

Alors, je l'aimai comme un frère ;
D'un avenir plus doux je flattai sa misère.

LOUIS.

Et Commine, pour toi, fier d'un tel avenir,
Au sang des Armagnacs un jour voulait t'unir ;
C'était d'un tendre père.

MARIE.

O moment plein de charmes !
Je vais donc lui parler, le voir, tarir ses larmes,
Partager son bonheur !

LOUIS.

Tu ne le verras pas.

MARIE.

Pourquoi ? si le hasard portait ici ses pas...

LOUIS.

Le hasard ?

MARIE.

Eh bien ! non ; je dois tout vous apprendre :
Sur un mot de sa main j'ai promis de l'attendre.
On soupçonne aisément quand on n'est pas heureux ;
Surpris de mon absence et trompé dans ses vœux,
Que dira-t-il ?

LOUIS.

J'y songe, et me fais conscience
D'éveiller dans son cœur la moindre défiance.

Pauvre Nemours!... Écoute : il se croit inconnu ;
De le désabuser l'instant n'est pas venu..
Par d'importans motifs, qui nous font violence,
Ton père, ainsi que moi, nous gardons le silence ;
Et l'instruisant trop tôt, tu le perds pour jamais.

MARIE.

Je me tairai.

LOUIS.

J'y compte, et tu me le promets
Devant la Vierge sainte, objet de tes hommages,
Qui bénit sur l'autel les heureux mariages.
Tu m'entends : ne va pas t'oublier un moment,
Elle me le dirait.

MARIE.

Non ; j'en fais le serment.

LOUIS.

(à part.)

C'est bien : Dieu l'a reçu. Nemours!... pour qu'il expire,
Un mot de moi suffit ; un mot... dois-je le dire ?
J'y vais penser. Tristan !

(à Marie.)

Je te laisse en ce lieu :

(il la baise sur le front.)

Mais la Vierge t'écoute. Adieu, ma fille, adieu !

SCÈNE VIII.

MARIE.

Qu'il m'est doux ce baiser, gage de sa clémence !
Mais, hélas! cette joie inespérée, immense,
Qui m'attendrit, m'oppresse, et voudrait s'épancher,
Elle inonde mon cœur, il faut la lui cacher.
Je le dois : en parlant je deviens sacrilége.
Sainte mère de Dieu, dont le nom me protége,
O vous dans mes chagrins mon céleste recours,
Dans ma joie aujourd'hui venez à mon secours ;
Rendez mes yeux muets, et faites violence
A l'aveu qui déjà sur mes lèvres s'élance.
Prêt à s'en échapper, qu'il meure avec ma voix.
Je tremble, je souris et je pleure à la fois.
Dieu! que je suis heureuse! il vient.

SCÈNE IX.

MARIE, NEMOURS.

MARIE.

       Nemours!

NEMOURS.

       Marie!

Je vous retrouve enfin!

MARIE.

Et dans votre patrie,
Sous ce beau ciel de France!

NEMOURS.

Il m'a vu tant souffrir!

MARIE.

Espérez!

NEMOURS.

Près de vous me verra-t-il mourir?

MARIE.

Mourir! ne craignez plus; je sais, j'ai l'assurance
Que... non, je ne sais rien; cependant l'espérance,
Comme un songe, à mes yeux, sourit confusément,
Et d'un bonheur prochain j'ai le pressentiment.

NEMOURS.

Tendre sœur, pour mes maux toujours compatissante,
Mais plus belle!

MARIE.

Est-il vrai?

NEMOURS.

Plus belle encore!

MARIE.

Absente,
Vous me regrettiez donc, mon noble chevalier?
Car vous l'êtes toujours.

NEMOURS.

Qui? moi, vous oublier!
Le puis-je?

MARIE.

Quand mes mains cueillaient dans la rosée
L'offrande qu'à l'autel tantôt j'ai déposée,
La fleur que feuille à feuille interrogeaient mes doigts
M'a dit que vous m'aimiez, Nemours, et je la crois.

NEMOURS.

Ému par vos discours, je me comprends à peine :
Ce sentiment profond suspend jusqu'à ma haine.

MARIE.

Pourquoi haïr, Nemours? Il est si doux d'aimer!

NEMOURS.

Pourquoi, grand Dieu?

MARIE.

Celui que vous allez nommer
Peut-être à la pitié n'est pas inaccessible;
Demain, dès ce jour même...

NEMOURS.

Eh bien?

MARIE.

Tout est possible;
Heureuse, je crois tout. Je ne puis rien prévoir,
Rien sentir, rien penser, sans m'enivrer d'espoir;
Et soit que Dieu m'éclaire, ou que l'amour m'inspire,

ACTE III, SCÈNE IX.

Je n'ai que du bonheur, Nemours, à vous prédire.

NEMOURS.

Hélas!

MARIE.

Vous souvient-il, ami, de ce beau jour
Où votre aveu m'apprit que vous m'aimiez d'amour?
C'était le soir.

NEMOURS.

Au pied d'une croix solitaire.

MARIE.

Mes yeux baissés comptaient les grains de mon rosaire,
Et j'écoutais pourtant.

NEMOURS.

Sur le bord du chemin,
Un vieillard qui pleurait vint nous tendre la main.

MARIE.

Il reçut notre aumône, et sa voix attendrie
Me dit que... je serais...

NEMOURS.

Ma compgne chérie,
Ma femme.

MARIE.

Il s'en souvient!

NEMOURS.

Ces biens que j'ai perdus,
J'espérais que pour vous ils me seraient rendus.

Je reviens, mais l'exil est toujours mon partage.
Des biens, je n'en ai plus, et dans mon héritage,
Sous le toit paternel, par la force envahis,
Je suis un étranger comme dans mon pays.

MARIE.

Votre exil peut finir.

NEMOURS.

En traversant la France,
Je visitai ces murs, berceaux de mon enfance;
Morne et le cœur navré, j'entendis les roseaux
Murmurer tristement au pied de leurs créneaux.
Que de fois à ce bruit j'ai rêvé sous les hêtres
Dont l'antique avenue ombragea mes ancêtres!
Le fer les a détruits ces témoins de mes jeux;
Mon vieux manoir désert tombe et périt comme eux.
L'herbe croît dans ses cours; les ronces et le lierre
Ferment aux pèlerins sa porte hospitalière.
Le portrait de mon père, arraché du lambris,
Était là, dans un coin, gisant sur des débris.
Pas un des serviteurs dont il reçut l'hommage,
Et qui heurtent du pied sa vénérable image,
N'a de l'ancien seigneur reconnu l'héritier,
Hors le chien du logis, couché sous le foyer,
Qui, regardant son maître avec un air de fête,
Pour me lécher les mains a relevé la tête.

MARIE.

Pourtant, si ce vieillard, par nos dons assisté,
Avait en nous parlant prédit la vérité !
Si vous deviez un jour, dans votre ancien domaine,
Voir vos nombreux vassaux bénir leur châtelaine,
Baiser son voile blanc, se partager entre eux
Le bouquet nuptial tombé de ses cheveux !
Si tous deux à genoux, là, dans cette chapelle,
Nous devions être unis par la Vierge immortelle !

NEMOURS.

O mon unique amie, ô vous que je revois,
Que peut-être j'entends pour la dernière fois.
Nous unis !... Sous ces nefs puisse ma fiancée
Ne pas suivre en pleurant ma dépouille glacée !
Une voix, dont mon cœur reconnaît les accens,
M'annonce mon destin : c'est la mort, je le sens.
Oui, je mourrai : je dois reposer avant l'âge
Dans le funèbre enclos voisin de ce village.

MARIE.

Que dites-vous ?

NEMOURS.

Heureux si, debout sur le seuil,
Un prêtre n'y vient pas arrêter mon cercueil ;
Et comme à l'assassin banni de cette enceinte,
Ne m'y refuse pas et la terre et l'eau sainte !

MARIE.

A vous, Nemours, à vous! jamais ce ciel natal,
Jamais ce doux pays ne vous sera fatal.
Apprenez que vos droits, vos biens... Vierge divine,
Pardonnez, je me tais. Moi causer sa ruine,
Moi qui mourrais pour lui!

NEMOURS.

Marie, expliquez-vous;
Parlez.

MARIE.

Je ne le puis : non, non, séparons-nous.
Par pitié pour vous-même, il faut que je vous quitte.
Ami, laissez-moi fuir : le trouble qui m'agite
Peut m'arracher un mot à ma bouche interdit;
Espérez, espérez!... On vient.

(se retournant vers la chapelle.)

Je n'ai rien dit.

SCÈNE X.

LOUIS, NEMOURS, FRANÇOIS DE PAULE, OLIVIER, TRISTAN, LE CARDINAL D'ALBY, DAMMARTIN, PRÊTRES, CHEVALIERS FRANÇAIS ET BOURGUIGNONS.

NEMOURS, sur le devant de la scène.

Comme on croit aisément au bonheur qu'on désire!
Mais que son cœur s'abuse!

ACTE III, SCÈNE X.

LOUIS, qui tient à la main le papier que Nemours lui a remis.

Ici la haine expire :
Un roi devient clément, mon père, à vos genoux,
Et sous la croix du Dieu qui s'immola pour nous.
Quel pardon peut coûter après son sacrifice !
Le comte de Réthel m'a demandé justice :
Bien que de son message il se soit acquitté
Moins en sujet soumis qu'en vassal révolté,
Je préfère mon peuple au soin de ma vengeance.
J'approuve, j'ai signé ce traité d'alliance,
Et je vous le remets pour qu'il soit plus sacré
Au sortir de vos mains où nous l'aurons juré.

FRANÇOIS DE PAULE, sur les degrés de la chapelle, entre deux prêtres, dont l'un tient une châsse d'argent, l'autre une croix.

O mon fils, je suis simple et j'ai peu de lumières :
Je vis loin des palais; mais souvent les chaumières
M'apprennent par leur deuil que le plus beau succès
Rapporte moins aux rois qu'il ne coûte aux sujets.
Dieu l'inspire celui qui, dépouillé de haine,
Rapproche les enfans de la famille humaine,
Ne veut voir qu'un lien dans son pouvoir sur eux,
Et dans l'humanité qu'un peuple à rendre heureux.
Rois, c'est votre devoir; et prêtres, nous le sommes
Non pas pour diviser, mais pour unir les hommes.
Par le double serment que mes mains vont bénir,
De la bouche et du cœur venez donc vous unir;

Des pactes d'ici-bas les arbitres suprêmes
En trahissant leur foi se trahissent eux-mêmes,
Et dans le livre ouvert au jour du jugement
Ils liront leur parjure écrit sous leur serment.

NEMOURS.

Le ciel qui voit mon cœur comprendra mon langage :
Je parle au nom d'un autre, et c'est lui qui s'engage,
Se tient pour satisfait dans son honneur blessé,
Et devant l'Éternel jure oubli du passé.

LOUIS.

Le comte de Réthel pouvait, sans se commettre,
Prononcer le serment qu'il se borne à transmettre;
Je le reçois pourtant, et j'engage ma foi
A Charles de Bourgogne, ici présent pour moi.
C'est de lui que j'entends oublier toute injure,
Et devant l'Éternel c'est à lui que je jure.

SCÈNE XI.

LES PRÉCÉDENS, LE DAUPHIN, DUNOIS, TORCY.

LE DAUPHIN, s'élançant vers le roi.

Mon père !

LOUIS.

Eh quoi ! sans ordre !

LE DAUPHIN.

Un message important...

Pardonnez, mais la joie... Il arrive à l'instant :
Charles, votre ennemi...

LOUIS.

Mon ennemi! Qu'entends-je?
Qui, lui, mon allié, mon frère!

LE DAUPHIN.

Dieu vous venge :
Il est vaincu.

LOUIS.

Comment?

LE DAUPHIN.

Vaincu devant Nancy.

NEMOURS.

Charle!

LOUIS.

En êtes-vous sûr?

LE DAUPHIN.

Les seigneurs de Torcy,
De Dunois et de Lude, en ont eu la nouvelle.
Un de ses lieutenans a trahi sa querelle,
Il a causé sa perte.

LOUIS.

Ah! le lâche!

NEMOURS.

Faux bruit,
Qu'un triomphe éclatant aura bientôt détruit!

Le duc Charle...

LE DAUPHIN.

Il est mort.

LOUIS.

La preuve?

LE DAUPHIN, lui remettant des dépêches.

Lisez, sire :
La voici.

NEMOURS.

Vaincu, mort! non : quoi qu'on puisse écrire,
Moi! comte de Réthel, au péril de mes jours,
Je maintiens que c'est faux !

LOUIS.

C'est vrai, duc de Nemours.

LE DAUPHIN.

Nemours !

NEMOURS.

Je suis connu !

LOUIS.

C'est aussi vrai, parjure,
Qu'il l'est qu'envers ton Dieu coupable d'imposture,
Coupable envers ton roi de haute trahison,
Tu mentais à tous deux par ton titre et ton nom.
Le ciel dans sa justice a trompé ton attente.
Qu'on s'assure de lui.

NEMOURS, tirant son épée.

Malheur à qui le tente!

(Aux chevaliers de sa suite.)

Qu'on l'ose! A moi, Bourgogne!

LOUIS.

A moi, France!

FRANÇOIS DE PAULE, saisissant la croix dans les mains d'un prêtre
et s'élançant entre les deux partis.

Arrêtez,
Au nom du Dieu sauveur à qui vous insultez!

NEMOURS, baissant son épée comme les autres chevaliers qui
s'inclinent et restent immobiles.

Ma fureur m'égarait, et ces preux que j'expose,
Vaincus sans me sauver périraient pour ma cause.

(à sa suite.)

Arrière, chevaliers! Si Charle est triomphant,
La terreur de son nom mieux que vous me défend;
S'il n'est plus, mourant seul, je mourrai sans me plaindre.

(en jetant son épée aux pieds du roi.)

Pour venir jusqu'à toi, comme toi j'ai dû feindre;
Je l'ai dû : je l'ai fait. Quel que fût mon dessein,
J'en rendrai compte à Dieu qui l'a mis dans mon sein.
Jette encore une proie aux bourreaux de mon père!
Il te manque un plaisir : je n'ai ni fils, ni frère,
Je n'ai pas un ami que tu puisses forcer
A recevoir vivant mon sang qu'ils vont verser.

LOUIS, faisant signe à Tristan d'emmener Nemours.

Aujourd'hui, grand-prévôt, son procès, sa sentence;
Demain le reste.

(Nemours, entouré de gardes, sort avec Tristan; les chevaliers bourguignons le suivent.)

SCÈNE XII.

LES PRÉCÉDENS; excepté NEMOURS et TRISTAN.

FRANÇOIS DE PAULE.
O roi! j'implore ta clémence.

LOUIS.
A m'outrager ici que ne s'est-il borné!
Je pardonnerais tout; mais moi, le fils aîné,
Le soutien de l'Église, absoudre un sacrilége
Qui brave des autels le divin privilége,
Qui, sans respect pour vous... Ah! je vous vengerai,
Ou le roi très chrétien n'aurait rien de sacré!

FRANÇOIS DE PAULE.
Qu'au moins je le console!

LOUIS, vivement.
Oui, plus il est coupable,
Et plus vous lui devez votre appui charitable :
Oui, pour sauver son ame, allez, suivez ses pas.

FRANÇOIS DE PAULE.
Et la vôtre, mon fils, n'y penserez-vous pas?

SCÈNE XIII.

LES PRÉCÉDENS, excepté FRANÇOIS DE PAULE.

LOUIS; il regarde sortir François de Paule, puis avec un transport de joie, mais à voix basse:

Montjoie et Saint-Denis! Dunois, à nous les chances!
Sur Péronne au galop cours avec six cents lances.
En Bourgogne, Torcy! Que le pays d'Artois,
Par ton fait, Baudricourt, soit France avant un mois.
A cheval, Dammartin, main basse sur la Flandre!
Guerre au brave; un pont d'or à qui voudra se vendre.

(au cardinal d'Alby.)

Dans la nuit, cardinal, deux messages d'État :
Avec six mille écus, une lettre au légat;
Une autre, avec vingt mille, au pontife en personne.

(aux chevaliers.)

Vous, prenez l'héritage avant qu'il me le donne :
En consacrant mes droits, il fera son devoir;
Mais prenons : ce qu'on tient, on est sûr de l'avoir.
La dépouille à nous tous, chevaliers; en campagne!
Et, par la Pâque-Dieu, des fiefs pour qui les gagne!

(haut et se tournant vers l'assemblée.)

En brave qu'il était, le noble duc est mort,
Messieurs; ce fut hasard quand on nous vit d'accord.
Il m'a voulu du mal, et m'a fait à Péronne

Passer trois de ces nuits qu'avec peine on pardonne ;
Mais tout ressentiment s'éteint sur un cercueil :
Il était mon cousin, la cour prendra le deuil.

FIN DU TROISIÈME ACTE.

ACTE QUATRIÈME.

La chambre à coucher du roi : deux portes latérales ; un prie-Dieu, et au-dessus une croix suspendue contre la muraille. Une fenêtre grillée ; des rideaux à demi fermés qui cachent un lit placé dans un enfoncement. Une cheminée et du feu.

SCÈNE I.

NEMOURS, COITIER.

COITIER.

Entrez : j'avais besoin d'épancher ma tendresse ;
Qu'enfin sur sa poitrine, un vieil ami vous presse !

NEMOURS.

Bon Coitier !

COITIER.

De trois fils lui seul est donc resté ;
Lui, l'enfant de mon cœur, qu'au berceau j'ai porté,
Que mes bras ont reçu des flancs qui l'ont fait naître !
Oui, voilà bien les traits, le regard de mon maître !

NEMOURS.

Je lui ressemble en tout, Coitier ; j'aurai son sort.

COITIER.

Par le ciel, tu vivras !... Excusez ce transport :

D'un ancien serviteur j'ai l'ame et le langage,
Monseigneur.

NEMOURS, lui serrant la main.

Digne ami!

COITIER.

Ne perdez pas courage.

NEMOURS, promenant ses regards autour de lui.

Des verrous, des barreaux, encore une prison!

COITIER.

C'est la chambre du roi.

NEMOURS.

Quoi! ce triste donjon!

COITIER.

Voyez : un crucifix, un missel, des reliques,
Qu'ont usés dans ses mains ses baisers frénétiques;

(lui montrant un poignard.)

Une arme qu'il veut voir et qu'il n'ose toucher;
Des rideaux où la peur vient encor le chercher.
Sous leurs plis redoublés en vain il se retire;
Le remords l'y poursuit; un bras hideux les tire,
S'applique sur son cœur, et ce lit douloureux,
Nemours, est le vengeur de bien des malheureux.
Il doit vous voir ici.

NEMOURS.

Qu'entends-je?

ACTE IV, SCÈNE I.

COITIER.

Avant une heure,
Il nous y rejoindra.

NEMOURS.

Comment, seul?

COITIER.

Que je meure,
S'il n'amène avec lui, pour veiller sur ses jours,
La meute d'Écossais qu'en laisse il tient toujours!
Il pouvait cependant s'épargner les alarmes;
Tristan n'était pas homme à vous laisser des armes.
Comme il suivait de l'œil vos moindres mouvemens,
Quand ses doigts exercés touchaient vos vêtemens!
Comme il lisait du roi l'ordre et la signature!
Il est geôlier dans l'ame et bourreau par nature.

NEMOURS.

L'infame!

COITIER.

Quel courroux dans son regard altier,
Lorsqu'il vit avec moi sortir son prisonnier!
Sa figure a pâli, par la rage altérée.
On eût dit un limier, les yeux sur la curée,
Quand un piqueur du roi, le coutelas en main,
Vient ravir sous ses dents un lambeau du festin.

NEMOURS.

Me voir, moi, dans ce lieu!

COITIER.

    C'est celui qu'il préfère,
Pour peu qu'un entretien exige du mystère.
Votre prison d'ailleurs ne l'aurait pas tenté.
Le frisson dévorant dont il est agité
S'accommoderait mal de l'horreur qu'elle inspire
Et des froides vapeurs qu'un malade y respire.

NEMOURS.

Que me veut-il?

COITIER.

    Avant de vous le déclarer,
C'est moi qu'il a choisi pour vous y préparer.

NEMOURS.

Mais qui m'a pu trahir? l'a-t-il dit?

COITIER.

      Je l'ignore.
Commine est innocent : sa disgrace l'honore.
Le maître, à son retour, ne l'a pas ménagé;
Vrai Dieu, quelle fureur!

NEMOURS, vivement.

    Sur lui s'est-il vengé?

COITIER.

En paroles; la paix sera facile à faire :
On est bientôt absous quand on est nécessaire.
Soyez-le donc.

NEMOURS.

Qui, moi?

COITIER.

Vous le rendrez clément :
S'il condamne sans peine, il pardonne aisément.

NEMOURS.

Lui!

COITIER.

La douleur dit vrai : je dois donc le connaître.
Peu d'hommes sont méchans pour le plaisir de l'être ;
Pas un, hormis Tristan ; l'intérêt ici-bas,
Et non l'instinct du mal, fait les grands scélérats.
Instruit de votre sort, j'ai couru vous défendre.
D'abord votre ennemi ne voulait pas m'entendre ;
Mais la douleur l'abat, et j'en ai profité,
Car vous étiez perdu, s'il se fût bien porté.
J'ai l'art d'apprivoiser son humeur irascible :
Nemours, j'ai mis le doigt sur la fibre sensible :
La Bourgogne est son rêve, il la veut en vieillard;
Désir de moribond n'admet point de retard.
J'ai dit que vous pouviez hâter cette conquête.

NEMOURS.

Vous, Coitier!

COITIER.

Médecin, je n'agis qu'à ma tête.
Le peuple croit en vous; cher à ses magistrats,

Vous avez leur estime et l'amour des soldats;
Vos amis dans leurs mains tiennent les forteresses :
Vous pouvez donc beaucoup par l'or ou les promesses,
Soit pour gagner les cœurs aux États assemblés,
Soit au pied d'un château pour en avoir les clés.
Agissez; c'est un mal; j'y répugne moi-même;
Mais l'extrême péril veut un remède extrême.
Vous vivez, en un mot, si vous obéissez;
Sinon, vous êtes mort; j'ai tout dit : choisissez.

NEMOURS.

Moi, de mon protecteur dépouiller l'héritière!
Pour qui? pour le bourreau de ma famille entière!

COITIER.

Nemours, mon noble maître, accepte par pitié!
Si c'est un tort, eh bien! j'en prendrai la moitié,
Comme autrefois ma part dans cette coupe amère
Que je t'ai vu, mourant, refuser de ta mère.
Ta bouche, après la mienne, osa s'en approcher;
La vie était au fond, et tu vins l'y chercher.
Nemours, je te sauvai : que je te sauve encore!
Ce sont tes droits, tes jours, ta grâce que j'implore,
Moi, ton vieux serviteur, moi, qui venais jadis
Me pencher sur ta couche en te nommant mon fils!
Oui, mon fils, oui, c'est moi qui demande ta grace,
La mienne, et je l'attends à tes pieds que j'embrasse.

ACTE IV, SCÈNE I.

NEMOURS.

Jamais : plutôt mourir!

COITIER.

Tu le veux?

NEMOURS.

Je le doi.

COITIER, qui va ouvrir la porte de son appartement.

Regarde : ce cachot, c'est mon asile à moi;
Mais tout l'or que prodigue un tyran qui succombe
M'eût-il à son cadavre attaché dans sa tombe?
Non; si pour m'y résoudre il ne m'eût assuré
Le droit qu'il avait seul d'en sortir à son gré.
Mon malade céda; mes soins, c'était sa vie.
Tiens, reçois-la de moi cette clé qu'on m'envie :
Quand j'obtins ce trésor, il me sembla moins doux,
C'était ma liberté; c'est la tienne.

NEMOURS.

Mais vous,
Coitier, je vous expose.

COITIER.

Il souffre.

NEMOURS.

Sa colère...

COITIER.

Il souffre; ne crains rien. Que ce flambeau t'éclaire,
Prends cette arme; descends : un passage voûté,

Une porte, et le ciel, les champs, la liberté!
La liberté, mon fils!

NEMOURS, qui a saisi le poignard.

Oui, cette arme... j'espère...
J'accepte.

COITIER, lui tendant les bras.

Encor, Nemours, encor!... ton digne père
M'a donc laissé des pleurs!... je crains le roi; va, fuis;
Je cours en l'abordant l'arrêter, si je puis.

SCÈNE II.

NEMOURS, qui revient sur le devant de la scène, après avoir fermé la porte de l'appartement de Coitier.

Non pas la liberté, Coitier, mais la vengeance!
(élevant le poignard.)
La voilà, je la tiens; il est en ma puissance.
Aucun autre que toi ne m'a vu dans ce lieu;
Tu m'en crois déjà loin; mais j'y reste avec Dieu,
L'inexorable Dieu, qui veut que je demeure
Pour qu'il tombe à mes pieds, qu'il s'y roule, qu'il meure.
(faisant un pas vers le lit.)
Là, mon père; oui, c'est là! mes deux frères et toi,
Vous ouvrez ces rideaux pour les fermer sur moi;
Faites qu'à ses regards votre vengeur échappe;
Je serai patient, pourvu que je le frappe.

Qu'il soit seul, et mon bras, là, dans son lit royal,
Va consommer d'un coup ce meurtre filial.
(Il va écouter à la porte.)
Aucun bruit! mon cœur bat.... C'est une horrible joie
Que celle d'un bourreau qui va saisir sa proie!
Horrible!.... C'est la mienne : elle oppresse mon sein.
Que de courage il faut pour être un assassin!
(Il tombe dans un fauteuil, et se relevant tout à coup.)
Mais ne le fut-il pas? Supplices pour supplices!
De tes douleurs, mon père, il a fait ses délices;
Ton sang, j'en suis couvert; il coule; c'est ton sang
Qui tombe sur mon front et s'y glace en passant.
Allons! mourant qu'il est, il faut que je l'achève :
Ce sommeil qui le fuit, il va l'avoir sans rêve,
Sans terreur, sans remords; mais sous le coup mortel,
Et pour ne s'éveiller que devant l'Éternel.
On vient.
(Il s'élance derrière les rideaux.)

SCÈNE III.

LOUIS, COITIER, COMMINE, MARIE, TRISTAN,
ÉCOSSAIS, SUITE DU ROI.

COITIER.

Pourquoi rentrer, sire? Il fallait me croire :
L'air vous eût soulagé.

LOUIS.

Triste nuit, qu'elle est noire!
Qu'elle est froide! je tremble.

(bas à Coitier, en lui montrant sa chambre.)

Il est là, ce Nemours?

COITIER.

Vous souffrez donc?

LOUIS.

Partout.

COITIER.

Depuis long-temps?

LOUIS.

Toujours.
Je n'ai plus de repos; l'air me glace ou me pèse...
Quelle angoisse!... et toujours! et rien, rien ne l'apaise!
(bas.)
Mais Nemours, qu'a-t-il dit?

COITIER, le conduisant vers la cheminée.

Tenez, ranimez-vous.

LOUIS, avec joie.

Du feu!

MARIE, qui le fait asseoir.

Placez-vous là.

LOUIS, se chauffant.

Le soleil est moins doux.
Ah! le feu, c'est la vie!

MARIE.

On doit au monastère
Veiller, prier pour vous, et par un jeûne austère
Obtenir que ce mal ne vous tourmente plus,
Et que ce vent du nord tombe avant l'Angelus.

LOUIS, la regardant.

Tu réjouis mes yeux : que cette fleur de l'âge,
Que la jeunesse est belle !... Allons, souris.

COMMINE, bas, à sa fille.

Courage!
Souris, ma fille!

MARIE, en pleurant.

Hélas! je le voudrais.

LOUIS.

Des pleurs?
Tu m'attristes; va-t'en, ou calme tes douleurs;
Je puis tout réparer.

MARIE.

Se peut-il?

LOUIS.

Oui, ma fille,
Si Nemours...

COITIER, au roi.

Regardez comme ce feu pétille!

LOUIS.

Jusqu'au fond de mes os je le sens pénétrer.

Mes pauvres doigts raidis ont peine à l'endurer;
Que je l'aime! il me brûle, et pourtant je frissonne.

COITIER.

Suivez donc une fois les conseils qu'on vous donne :
(s'avançant vers le lit.)
Venez vous reposer.

LOUIS.

Non, Coitier, je veux voir
Le saint qui doit ici m'entretenir ce soir.
(à Tristan.)
Nemours, surtout Nemours. Va le chercher, qu'il vienne.

TRISTAN.

Il n'est plus sous ma garde.

LOUIS, à Coitier.

Il était sous la tienne.

TRISTAN.

A mon grand désespoir : son arrêt prononcé,
Je tenais à finir ce que j'ai commencé.

MARIE, à son père.

Dieu!

COMMINE, bas.

Tais-toi!

LOUIS, à Coitier.

Dans ce lieu tu devais le conduire.

COITIER.

Et je ne l'ai pas fait, n'ayant pu le séduire.

LOUIS.

Je l'aurais pu, moi.

COITIER.

Non.

LOUIS.

Non?

COITIER.

Il vous eût bravé.
Vous l'auriez mis à mort...

LOUIS.

Eh bien?

COITIER.

Je l'ai sauvé.

MARIE.

Sauvé!

LOUIS, à Coitier.

Toi!

COITIER.

Le captif est hors de votre atteinte;
Lorsque ses chevaliers ont quitté cette enceinte,
Il était dans leurs rangs, et je l'ai vu passer
Le pont que devant eux votre ordre a fait baisser.

LOUIS.

Misérable! et tu peux affronter ma vengeance!
(à Tristan.)
Mais il a donc aussi trompé ta vigilance?

Vous me trahissez tous. Quel chemin a-t-il pris?
Où le chercher? Va, cours; je mets sa tête à prix;
Cours, Tristan!

TRISTAN.

Dans la nuit, sans indices!

LOUIS.

Qu'importe?

Il faut qu'on me l'amène ou qu'on me le rapporte.

MARIE.

Non, par pitié pour moi qui livrai son secret,
Pour moi qui l'ai perdu! non: Dieu vous punirait.
Pardon; Dieu vous entend : qu'à votre heure dernière
Il accueille vos vœux comme vous ma prière;
Pardon!

LOUIS, à Commine.

Emmenez-la.

COMMINE, entraînant Marie.

Viens, ma fille!

LOUIS, en montrant Coitier,

Pour lui,

Ce traître, dès demain...

COITIER.

Frappez dès aujourd'hui;

Mais de vos maux, après, cherchez qui vous délivre :
Je ne vous donne pas une semaine à vivre.

LOUIS.

Eh bien!... je mourrai donc; mais j'entends, mais je veux,

(à sa suite.)

Je... Sortez.

(à Coitier.)

Reste ici.

(Il se jette sur un siége.)

Je suis bien malheureux!

(Tout le monde sort, excepté Coitier.)

SCÈNE IV.

LOUIS, COITIER.

LOUIS.

Ne crois pas éviter le sort que tu mérites :
Tu l'auras; mes tourmens, c'est toi qui les irrites.
A braver ma fureur leur excès t'enhardit;
Mais je t'écraserai.

COITIER, froidement.

Vous l'avez déjà dit,
Sire, faites-le donc.

LOUIS.

Certes, je vais le faire.
Ton faux savoir n'est bon qu'à tromper le vulgaire.
Ton art! j'en ris; tes soins! que me font-ils, tes soins?
Rien. Je m'en passerai; je n'en vivrai pas moins.

Je veux : ma volonté suffit pour que je vive ;
Je le sens, j'en suis sûr.

COITIER.

Alors, quoi qu'il arrive,
Essayez-en.

LOUIS.

Oui, traître, oui, le saint que j'attends
Peut réparer d'un mot les ravages du temps.
Il va ressusciter cette force abattue ;
Son souffle emportera la douleur qui me tue.

COITIER.

Qu'il se hâte.

LOUIS.

Pour toi, privé de jour et d'air,
Captif, le corps plié sous un réseau de fer,
Tu verras, à travers les barreaux de ta cage,
Ma jeunesse nouvelle insulter à ta rage.

COITIER.

D'accord.

LOUIS.

Tu le verras.

COITIER.

Sans doute.

LOUIS, avec émotion.

Faux ami,
M'as-tu trouvé pour toi généreux à demi?

Va, tu n'es qu'un ingrat!
COITIER.
Ce fut pour ne pas l'être
Que je sauvai Nemours.
LOUIS.
L'assassin de ton maître;
Lui qui voulait ma perte!
COITIER.
En chevalier : son bras
Combat, quand il se venge, et n'assassine pas.
Je devais tout au père, et me tiendrais infame,
Si ses bienfaits passés ne vivaient dans mon ame.
LOUIS.
Mais les miens sont présens, et tu trahis les miens;
Tu le trompes, ce roi qui t'a comblé de biens.
De quel prix n'ai-je pas récompensé tes peines?
De l'or, je t'en accable, et tes mains en sont pleines.
Je donne sans compter, comme un autre promet :
Nemours, pour être aimé, fit-il plus?
COITIER.
Il m'aimait.
Vous, quels sont-ils vos droits à ma reconnaissance?
Dieu merci! nous traitons de puissance à puissance;
L'un pour l'autre une fois n'ayons point de secret;
Vous donnez par terreur, je prends par intérêt.
En consumant ma vie à prolonger la vôtre,

J'en cède une moitié, pour mieux jouir de l'autre.
Je vends et vous payez ; ce n'est plus qu'un contrat.
Où le cœur n'est pour rien, personne n'est ingrat.
Les rois avec de l'or pensent que tout s'achète ;
Mais un don qu'on vous doit, un bienfait qu'on vous jette,
Laissent votre ame à l'aise avec le bienfaiteur.
On paie un courtisan, on paie un serviteur ;
Un ami, sire, on l'aime ; et n'eût-il pour salaire
Qu'un regard attendri quand il a pu vous plaire,
Qu'un mot sorti du cœur quand il vous tend les bras,
Il aime, il est à vous, mais il ne se vend pas :
Comme on se donne à lui, sans partage il se donne,
Et, parjure à l'honneur lorsqu'il vous abandonne,
S'il vous regarde en face après avoir failli,
On a droit de lui dire : Ingrat, tu m'as trahi !

LOUIS, d'une voix caressante.

Eh bien ! mon bon Coitier, je t'aimerai, je t'aime.

COITIER.

Pour vous.

LOUIS.

Sans intérêt. Ma souffrance est extrême,
J'en conviens, mais le saint peut me guérir demain.
C'est donc par amitié que je te tends la main :
De tels nœuds sont trop doux pour que rien les détruise.

SCÈNE V.

LES PRÉCÉDENS, OLIVIER, puis FRANÇOIS DE PAULE.

OLIVIER.

Sire, François de Paule attend qu'on l'introduise.

LOUIS.

(montrant Coitier.)

Entrez. Voyez, mon père, il a bravé son roi,
Et je lui pardonnais. Coitier, rentre chez toi.

(en le conduisant jusqu'à son appartement.)

Sur la foi d'un ami, dors d'un sommeil tranquille.

(après avoir fermé la porte sur lui.)

Ah! traître, si jamais tu deviens inutile!...

(Il fait signe à Olivier de sortir.)

SCÈNE VI.

LOUIS, FRANÇOIS DE PAULE.

LOUIS.

Nous voilà sans témoins.

FRANÇOIS DE PAULE.

Que voulez-vous de moi?

LOUIS, prosterné.

Je tremble à vos genoux d'espérance et d'effroi.

FRANÇOIS DE PAULE.

Relevez-vous, mon fils!

LOUIS.

J'y reste pour attendre
La faveur qui sur moi de vos mains va descendre;
Et veux, courbant mon front à la terre attaché,
Baiser jusqu'à la place où vos pas ont touché.

FRANÇOIS DE PAULE.

Devant sa créature, en me rendant hommage,
Ne prosternez pas Dieu dans sa royale image :
Prince, relevez-vous.

LOUIS, debout.

J'espère un bien si grand!
Comment m'abaisser trop, saint homme, en l'implorant!

FRANÇOIS DE PAULE.

Que puis-je?

LOUIS.

Tout, mon père; oui, tout vous est possible:
Vous réchauffez d'un souffle une chair insensible.

FRANÇOIS DE PAULE.

Moi!

LOUIS.

Vous dites aux morts : Sortez de vos tombeaux!
Ils en sortent.

FRANÇOIS DE PAULE.

Qui? moi!

ACTE IV, SCÈNE VI.

LOUIS.

Vous dites à nos maux :
Guérissez !

FRANÇOIS DE PAULE.

Moi ! mon fils.

LOUIS.

Soudain nos maux guérissent.
Que votre voix l'ordonne, et les cieux s'éclaircissent ;
Le vent gronde ou s'apaise à son commandement ;
La foudre qui tombait remonte au firmament.
O vous, qui dans les airs retenez la rosée,
Ou versez sa fraîcheur à la plante épuisée,
Faites d'un corps vieilli reverdir la vigueur.
Voyez, je suis mourant, ranimez ma langueur :
Tendez vers moi les bras ; touchez ces traits livides,
Et vos mains, en passant, vont effacer mes rides.

FRANÇOIS DE PAULE.

Que me demandez-vous, mon fils ? vous m'étonnez.
Suis-je l'égal de Dieu ? c'est vous qui m'apprenez
Que je vais par le monde en rendant des oracles,
Et qu'en ouvrant mes mains je sème les miracles.

LOUIS.

Au moins dix ans, mon père, accordez-moi dix ans,
Et je vous comblerai d'honneurs et de présens.
Tenez, de tous les saints je porte ici les restes ;
Si j'obtiens ces... vingt ans par vos secours célestes,

Rome, qui peut presser les rangs des bienheureux,
Près d'eux vous placera, que dis-je? au-dessus d'eux.
Je veux sous votre nom fonder des basiliques,
Je veux de jaspe et d'or surcharger vos reliques;
Mais vingt ans, c'est trop peu pour tant d'or et d'encens.
Non : un miracle entier! De mes jours renaissans
Que la clarté sitôt ne me soit pas ravie;
Un miracle! la vie! ah! prolongez ma vie!

FRANÇOIS DE PAULE.

Dieu n'a pas mis son œuvre au pouvoir d'un mortel.
Vous seul, quand tout périt, vous seriez éternel!
Roi, Dieu ne le veut pas. Sa faible créature
Ne peut changer pour vous l'ordre de la nature.
Ce qui grandit décroît, ce qui naît se détruit,
L'homme avec son ouvrage, et l'arbre avec son fruit.
Tout produit pour le temps : c'est la loi de ce monde,
Et pour l'éternité la mort seule est féconde.

LOUIS.

Je me lasse à la fin : moine, fais ton devoir;
Exerce en ma faveur ton merveilleux pouvoir,
Ou j'aurai, s'il le faut, recours à la contrainte.
Je suis roi : sur mon front j'ai reçu l'huile sainte...
Ah! pardon! mais aux rois, mais aux fronts couronnés
Ne devez-vous pas plus qu'à ces infortunés,
Ces affligés obscurs, que, sans votre prière,
Dieu n'eût pas de si haut cherchés dans leur poussière?

ACTE IV, SCÈNE VI.

FRANÇOIS DE PAULE.

Les rois et les sujets sont égaux devant lui :
Comme à tous ses enfans il vous doit son appui;
Mais ces secours divins que votre voix réclame,
Plus juste envers vous-même, invoquez-les pour l'ame.

LOUIS, vivement.

Non, c'est trop à la fois : demandons pour le corps;
L'ame, j'y songerai.

FRANÇOIS DE PAULE.

Roi, ce sont vos remords,
C'est cette plaie ardente et par le crime ouverte
Qui traîne lentement votre corps à sa perte.

LOUIS.

Les prêtres m'ont absous.

FRANÇOIS DE PAULE.

Vain espoir : vous sentez
Peser sur vos douleurs trente ans d'iniquités.
Confessez votre honte, exposez vos blessures :
Qu'un repentir sincère en lave les souillures.

LOUIS.

Je guérirai?

FRANÇOIS DE PAULE.

Peut-être.

LOUIS.

Oui, vous le promettez :
Je vais tout dire.

FRANÇOIS DE PAULE.

A moi?

LOUIS.

Je le veux : écoutez.

FRANÇOIS DE PAULE, qui s'assied, tandis que le roi reste debout les mains jointes.

Pécheur, qui m'appelez à ce saint ministère,
Parlez donc.

LOUIS, après avoir dit mentalement son *Confiteor*.

Je ne puis, et je n'ose me taire.

FRANÇOIS DE PAULE.

Qu'avez-vous fait?

LOUIS.

L'effroi qu'il conçut du dauphin
Fit mourir le feu roi de langueur et de faim.

FRANÇOIS DE PAULE.

Un fils a de son père abrégé la vieillesse!

LOUIS.

Le dauphin... c'était moi.

FRANÇOIS DE PAULE.

Vous!

LOUIS.

Mais tant de faiblesse
Perdait tout, livrait tout aux mains d'un favori :
La France périssait, si le roi n'eût péri.
Les intérêts d'État sont des raisons si hautes...

FRANÇOIS DE PAULE.

Confessez, mauvais fils, n'excusez pas vos fautes!

LOUIS.

J'avais un frère.

FRANÇOIS DE PAULE.

Eh bien?

LOUIS.

Qui fut... empoisonné.

FRANÇOIS DE PAULE.

Le fut-il par votre ordre?

LOUIS.

Ils l'ont tous soupçonné.

FRANÇOIS DE PAULE.

Dieu!

LOUIS.

Si ceux qui l'ont dit tombaient en ma puissance!...

FRANÇOIS DE PAULE.

Est-ce vrai?

LOUIS.

Du cercueil son spectre qui s'élance
Peut seul m'en accuser avec impunité.

FRANÇOIS DE PAULE.

C'est donc vrai!

LOUIS.

Mais, le traître, il l'avait mérité.

FRANÇOIS DE PAULE, se levant.

Et contre ses remords ton cœur cherche un refuge !
Tremble ! j'étais ton frère, et je deviens ton juge.
Écrasé sous ta faute aux pieds du tribunal,
Baisse donc maintenant, courbe ton front royal.
Rentre dans le néant, majesté périssable !
Je ne vois plus le roi, j'écoute le coupable.
Fratricide, à genoux !

LOUIS, tombant à genoux.

Je frémis !

FRANÇOIS DE PAULE.

Repens-toi.

LOUIS, se traînant jusqu'à lui et s'attachant à ses habits.

C'est ma faute, ma faute, ayez pitié de moi !
En frappant ma poitrine, à genoux je déplore,
Sans y chercher d'excuse, un autre crime encore.

FRANÇOIS DE PAULE, qui retombe assis.

Ce n'est pas tout ?

LOUIS.

Nemours !... il avait conspiré :
Mais sa mort... son forfait du moins est avéré.
Mais sous son échafaud ses enfans dont les larmes...
Trois fois contre son maître il avait pris les armes.
Sa vie en s'échappant a rejailli sur eux.

(en se relevant.)

C'était juste.

ACTE IV, SCÈNE VI.

FRANÇOIS DE PAULE, le rejetant à genoux.

Ah! cruel!

LOUIS.

Juste, mais rigoureux;
J'en conviens : j'ai puni... non, j'ai commis des crimes.
Dans l'air le nœud fatal étouffa mes victimes;
L'acier les déchira dans un puits meurtrier :
L'onde fut mon bourreau, la terre mon geôlier :
Des captifs que ces tours couvrent de leurs murailles
Gémissent oubliés au fond de ses entrailles.

FRANÇOIS DE PAULE.

Ah! puisqu'il est des maux que tu peux réparer,
Viens!

LOUIS, debout.

Où donc?

FRANÇOIS DE PAULE.

Ces captifs, allons les délivrer.

LOUIS.

L'intérêt le défend.

FRANÇOIS DE PAULE, aux pieds du roi.

La charité l'ordonne :
Viens, viens sauver ton ame.

LOUIS.

En risquant ma couronne :
Roi, je ne le peux pas.

FRANÇOIS DE PAULE.

     Mais tu le dois, chrétien.

LOUIS.

Je me suis repenti, c'est assez.

FRANÇOIS DE PAULE, se relevant.

       Ce n'est rien.

LOUIS.

N'ai-je pas de mes torts fait un aveu sincère?

FRANÇOIS DE PAULE.

Il ne s'effacent pas, tant qu'on y persévère.

LOUIS.

L'Église a des pardons qu'un roi peut acheter.

FRANÇOIS DE PAULE.

Dieu ne vend pas les siens : il faut les mériter.

LOUIS, avec désespoir.

Ils me sont dévolus, et par droit de misère!
Ah! si dans mes tourmens vous descendiez, mon père,
Je vous arracherais des larmes de pitié!
Les angoisses du corps n'en sont qu'une moitié,
Poignante, intolérable, et la moindre peut-être.
Je ne me plais qu'aux lieux où je ne puis pas être.
En vain je sors de moi : fils rebelle jadis,
Je me vois dans mon père et me crains dans mon fils.
Je n'ai pas un ami : je hais ou je méprise;
L'effroi me tord le cœur sans jamais lâcher prise.
Il n'est point de retraite où j'échappe aux remords;

ACTE IV, SCÈNE VI.

Je veux fuir les vivans; je suis avec les morts.
Ce sont des jours affreux; j'ai des nuits plus terribles;
L'ombre pour m'abuser prend des formes visibles;
Le silence me parle, et mon Sauveur me dit,
Quand je viens de prier : Que me veux-tu, maudit?
Un démon, si je dors, s'assied sur ma poitrine.
Je l'écarte; un fer nu s'y plonge et m'assassine.
Je me lève éperdu; des flots de sang humain
Viennent battre ma couche, elle y nage, et ma main,
Que penche sur leur gouffre une main qui la glace,
Sent des lambeaux hideux monter à leur surface...

FRANÇOIS DE PAULE.

Malheureux, que dis-tu?

LOUIS.

Vous frémissez : eh bien!
Mes veilles, les voilà! ce sommeil, c'est le mien;
C'est ma vie; et mourant, j'en ai soif, je veux vivre;
Et ce calice amer, dont le poison m'enivre,
De toutes mes douleurs cet horrible aliment,
La peur de l'épuiser est mon plus grand tourment!

FRANÇOIS DE PAULE.

Viens donc, en essayant du pardon des injures,
Viens de ton agonie apaiser les tortures.
Un acte de bonté te rendra le sommeil,
Et quelques voix du moins béniront ton réveil.
N'hésite pas.

LOUIS.

Plus tard!

FRANÇOIS DE PAULE.

Dieu voudra-t-il attendre?

LOUIS.

Demain!

FRANÇOIS DE PAULE.

Mais dès demain la mort peut te surprendre,
Ce soir, dans un instant.

LOUIS.

Je suis bien enfermé,
Bien défendu.

FRANÇOIS DE PAULE.

L'est-on, quand on n'est pas aimé?

(en l'entraînant.)

Ah! viens.

LOUIS, qui le repousse.

Non, laissez-moi du temps pour m'y résoudre.

FRANÇOIS DE PAULE.

Adieu donc, meurtrier, je ne saurais t'absoudre.

LOUIS, avec terreur.

Quoi! me condamnez-vous?

FRANÇOIS DE PAULE.

Dieu peut tout pardonner:
Lorsqu'il hésite encor, dois-je te condamner?
Mais profite, ô mon fils, du répit qu'il t'accorde:

Pleure, conjure, obtiens de sa miséricorde,
Qu'enfin ton cœur brisé s'ouvre à ces malheureux.
Pardonne, et que le jour recommence pour eux.
Quand tu voulais fléchir la céleste vengeance,
Du sein de leurs cachots, du fond de leur souffrance,
A ta voix qu'ils couvraient leurs cris ont répondu ;
Fais-les taire, et de Dieu tu seras entendu.

SCÈNE VII.

LOUIS, pendant que François de Paule s'éloigne.

Mon père !... il m'abandonne et se croit charitable.
Cédons : non, c'est faiblesse.

(François de Paule, qui s'est arrêté un moment, sort à ces mots.)

        O doute insupportable!
Qui me tendra la main dans l'abîme où je suis?
Prions, puisqu'il le veut, et pleurons, si je puis.

(Il s'agenouille sur son prie-dieu, place son chapeau devant lui, et s'adressant à une des vierges de plomb qui y sont attachées :)

Notre-Dame d'Embrun, tu sais, vierge adorable,
Qu'à bonne intention je reste inexorable.
 A Dieu fais comprendre aujourd'hui
 Que, pour son plus grand avantage,
 Je dois conserver sans partage
 Un pouvoir qui me vient de lui.
La justice des rois veut être satisfaite;

Ils ont, en punissant, droit à votre merci :
Que votre volonté soit faite,
Dieu clément, et la mienne aussi!

SCÈNE VIII.

LOUIS, NEMOURS.

NEMOURS, qui a entr'ouvert les rideaux, et qui reste immobile le poignard à la main.

Mon père, il vous laissa finir votre prière!

(Ici le hautbois fait entendre dans le lointain quelques mesures de la ronde que les paysans ont dansée.)

LOUIS, se levant, après avoir fait le signe de la croix.

Qu'entends-je?

(Il s'approche de la fenêtre.)

Après la danse, au fond de sa chaumière
Le plus pauvre d'entre eux va rentrer en chantant;
Ah! l'heureux misérable! un doux sommeil l'attend;
Il va dormir, et moi...

(Le roi se retourne, et se trouve vis-à-vis de Nemours, qui s'élance sur lui.)

Que vois-je? ô ciel!

NEMOURS.

Silence!

LOUIS.

Je me tais.

NEMOURS.

Pas un cri!

LOUIS.

Non.

NEMOURS.

Par leur vigilance
Es-tu bien défendu?

LOUIS.

Nemours, je t'appartiens.

NEMOURS.

Qui veut risquer ses jours est donc maître des tiens?

LOUIS.

Que veux-tu?

NEMOURS.

Te punir.

LOUIS.

Juge-moi sans colère.

NEMOURS.

Je ne suis pas ton juge,

LOUIS.

Eh! qui l'est donc?

NEMOURS.

Mon père.

LOUIS.

Toi.

NEMOURS.

Mon père.

LOUIS.

Toi seul.

NEMOURS.

Mon père.

LOUIS.

Il me tûrait.

NEMOURS.

Tu viens de te juger.

LOUIS

N'accomplis pas l'arrêt;
Sois clément.

NEMOURS.

Je suis juste.

LOUIS.

Écoute ma prière.

NEMOURS.

Rappelle-toi la sienne et sa lettre dernière.

LOUIS.

Je n'en ai pas reçu.

NEMOURS.

Cet écrit déchirant
Que tu lui renvoyas...

LOUIS.

Moi, Nemours!

ACTE IV, SCÈNE VIII.

NEMOURS.

Qu'en mourant
Il portait sur son cœur, c'est tout mon héritage ;
Le voilà, contre toi qu'il rende témoignage ;
Imposteur, le voilà : regarde, lis.

LOUIS.

Pitié !

NEMOURS.

Lis, lis sous ce poignard, si tu l'as oublié.

LOUIS.

Je ne puis.

NEMOURS.

Sous le glaive il pouvait bien écrire :
Lis comme il écrivait.

LOUIS.

Non, je ne puis, j'expire.
Ce poignard, que j'écarte et dont tu me poursuis,
Il m'éblouit, m'aveugle ; oh ! non, non, je ne puis.

NEMOURS.

Il faut l'entendre au moins.

LOUIS.

Miséricorde !

NEMOURS.

Écoute :
Tu répondras.

(Il lit.)

« Mon très redouté et souverain seigneur, tant
« et si humblement que faire je peux, me recom-
« mande à votre grace et miséricorde. »

Eh bien?

LOUIS.

Je fus cruel sans doute ;
Mais je veux à ton père, à toi, Nemours, aux tiens
Faire amende honorable en te rendant tes biens.
Je veux tout expier ; mets mon cœur à l'épreuve,
Et de mon repentir mes dons seront la preuve.

NEMOURS.

Écoute :

(Il lit.)

« Je vous servirai si bien et si loyalement que
« vous connaîtrez que je suis vrai repentant, et
« qu'à force de bien faire je veux amender mes dé-
« fauts. »

Eh bien?

LOUIS.

Mon fils ! il a besoin d'appui :
Ah ! laisse-lui son père.

NEMOURS.

Écoute :

(Il lit.)

« Faites-moi grace et à mes pauvres enfans ! Ne

« souffrez pas que pour mes péchés je meure à
« honte et à confusion, et qu'ils vivent en déshon-
« neur et à querir leur pain. Pour Dieu, sire, ayez
« pitié de moi et de mes pauvres enfans! »

Réponds-lui :

Qu'as-tu fait pour ses fils ?

LOUIS.

Sur l'honneur je m'engage
A te livrer Tristan dont vos maux sont l'ouvrage.

NEMOURS, lisant.

« Écrit en la cage de la Bastille le dernier de
« janvier. »

Et lorsqu'il en sortit.....

LOUIS.

Oh! ne t'en souviens pas!

NEMOURS.

Le puis-je? vois toi-même.

LOUIS, égaré.

Où donc, Nemours?

NEMOURS, lui montrant la lettre avec la pointe du poignard.

Plus bas ;
Lis cette fois.

LOUIS, lisant.

« Votre pauvre Jacques d'Armagnac (1). »

---

(1) Dernière lettre de Jacques d'Armagnac, duc de Nemours, à Louis XI.

NEMOURS.

Le nom de ton ami d'enfance,
Et là... son sang!

LOUIS.

Nemours, tu pleures.

NEMOURS.

Ma vengeance
Te vendra cher ces pleurs.

LOUIS.

Grand Dieu, c'en est donc fait?

NEMOURS.

Pour que le châtiment soit égal au forfait,
Par quel supplice affreux peut-elle être assouvie?

LOUIS, se traînant à ses pieds.

Grace!

NEMOURS.

Il n'en est qu'un seul.

LOUIS, qui se renverse de terreur.

C'est ma mort!

NEMOURS, après avoir levé le poignard qu'il jette loin de lui.

C'est ta vie!
Qui? moi, t'en délivrer! je t'ai vu trop souffrir.
Achève donc de vivre, ou plutôt de mourir.
Meurs encor : meurs long-temps, pour que tes artifices,
Pour que tes cruautés t'amassent des supplices;
Pour qu'à tes tristes jours chaque jour ajouté

Soit un avant-coureur de ton éternité.
Attends-la : que plus juste et plus impitoyable,
Elle vienne à pas lents te saisir plus coupable.
Dieu! je connais ses maux; j'ai reçu ses aveux ;
Pour me venger de lui, je m'unis à ses vœux :
Satisfaites, mon Dieu, son effroyable envie ;
Un miracle! la vie! ah! prolongez sa vie!

(Il s'élance par la porte de l'appartement de Coitier.)

SCÈNE IX.

LOUIS, puis TRISTAN, ÉCOSSAIS, CHEVALIERS, SUITE DU ROI.

LOUIS. Il pousse quelques sons inarticulés ; et revenant à lui :

A l'aide!... à moi, Tristan! au meurtre!... du secours!
Des flambeaux! accourez!... il en veut à mes jours;
Il lève son poignard : de ses mains qu'on l'arrache!
Lui, qu'on le tue!... Il fuit; mais c'est là qu'il se cache.

(montrant l'appartement de Coitier, où Tristan court avec des gardes.)

Un assassin! là, là!... partout! j'en vois partout!

(aux Écossais.)

Entourez-moi. Non, non : je vous crains, je crains tout.
Au pied de cette croix quelle est l'ombre qui passe!
Cherchez sous ces rideaux : on s'y parle à voix basse.
Je vous dis qu'une voix a prononcé mon nom :
Un d'eux s'est sous mon lit glissé par trahison.

Quoi! pour les découvrir votre recherche est vaine!
Je les vois cependant; cette chambre en est pleine :
Je ne puis, si j'y reste, échapper au trépas...
Place! faites-moi place, et ne me quittez pas.

(Il s'élance hors de la chambre, et tout le monde se précipite en désordre après lui.)

FIN DU QUATRIÈME ACTE.

ACTE CINQUIÈME.

Une salle du château : trois portes au fond. Sur un des côtés, un lit de repos près duquel est une table.

Au lever du rideau, les courtisans causent à voix basse, comme dans l'attente d'un grand évènement; quelques-uns marchent; d'autres, assis ou debout, forment des groupes; le plus nombreux entoure le dauphin qui pleure.

SCÈNE I.

LE DAUPHIN, LE COMTE DE LUDE, TRISTAN, LE DUC DE CRAON, CRAWFORD, COURTISANS.

LE COMTE DE LUDE, au duc de Craon.

Complice, lui, Coitier !

LE DUC DE CRAON.

Lui-même.

LE COMTE DE LUDE.

Est-il possible?

LE DUC DE CRAON.

C'est vrai.

LE COMTE DE LUDE, à Tristan, qui se promène avec Crawford.

Seigneur Tristan !

TRISTAN, en s'approchant.

　　　　　Comte !

LE COMTE DE LUDE.

　　　　　　　　Quel crime horrible!
Quoi, Nemours et Coitier ?...

TRISTAN.

　　　　　　　　Ils mourront aujourd'hui,
Si le maître l'ordonne en revenant à lui :
Tous deux sont dans les fers.

LE DUC DE CRAON.

　　　　　　　　Mais on dit qu'il expire
Le roi ?

TRISTAN, en se retournant pour rejoindre Crawford.

　　Je crois, monsieur, qu'on a tort de le dire.

LE DUC DE CRAON.

Il est bien insolent; le roi va mieux.

LE COMTE DE LUDE.

　　　　　　　　　Ici
Les pairs sont convoqués, le parlement aussi ;
Tout cela sent la mort, et je vois en présence
Le règne qui finit et celui qui commence.

UN OFFICIER DE LA CHAMBRE.

Sa majesté reçoit les derniers sacremens :
Debout, messieurs!

LE DAUPHIN, s'agenouillant.

　　Mon père !... encor quelques momens,

Et je l'aurai perdu !

UN COURTISAN, de manière à être entendu du dauphin.

L'excellent fils !

(Tout le monde est levé ; silence de quelques instans.)

SCÈNE II.

Les précédens, COMMINE.

COMMINE, deux lettres à la main.

Un page !

(à un de ceux qui se présentent.)

Pour le duc d'Orléans, partez.

(à un autre.)

Que ce message
Soit rendu dans le jour au comte de Beaujeu :
Hâtez-vous !

LE COMTE DE LUDE, au duc de Craon.

Deux courriers qui vont tout mettre en feu !

LE DUC DE CRAON.

La comtesse, je crois, va faire diligence.

LE COMTE DE LUDE.

Pensez-vous que le duc lui cède la régence ?

UN COURTISAN.

Pour qui vous rangez-vous, messieurs, dans ce débat ?

LE COMTE DE LUDE.

Moi, pour lui.

LE DUC DE CRAON.

Moi, pour elle.

COMMINE, qui réfléchit en les écoutant.

Et qui donc pour l'État ?

UN COURTISAN, se détachant du groupe où se trouve le dauphin.

Plus bas ! de monseigneur respectez la tristesse.

CRAWFORD, qui se promène avec Tristan.

Comme autour du dauphin toute la cour s'empresse !
Le roi s'en va.

TRISTAN.

Que Dieu le tire de danger,
Et je lui dirai tout.

LE COMTE DE LUDE, qui s'est rapproché du dauphin.

C'est trop vous affliger,
Mon prince; un peuple entier vous parle par ma bouche.

COMMINE.

Du malheureux Nemours que le destin vous touche !

LE DAUPHIN.

Que puis je ?

COMMINE.

En votre nom laissez-moi dire un mot,
Vous serez entendu.

LE DAUPHIN.

J'y consens.

COMMINE, à Tristan.

Grand-prévôt !

Au sort des deux captifs monseigneur s'intéresse :
Ne précipitez rien.

TRISTAN, vivement.

Les vœux de son altesse
Sont des ordres pour moi.

LE DUC DE CRAON.

Voici le cardinal.

SCÈNE III.

LES PRÉCÉDENS; LE CARDINAL D'ALBY,
qui sort de la chambre du roi.

LE DAUPHIN, au cardinal.

Le roi, comment va-t-il? parlez.

LE CARDINAL.

Toujours bien mal,
Toujours inanimé, sans voix, sans connaissance ;
Mais nos pieux pardons l'avaient absous d'avance.
Ce qui doit consoler, prince, dans ce revers,
C'est que par ses bienfaits les cieux lui sont ouverts;
Il a beaucoup donné : quelle ame que la sienne !
Souhaitons pour nous tous une fin si chrétienne.

LE DAUPHIN.

C'en est fait! plus d'espoir!

LE COMTE DE LUDE.
Il faut vous résigner
Au chagrin de survivre.

LE CARDINAL.
Au malheur de régner :
Comptez sur notre appui.

LE DAUPHIN.
Dieu voudra-t-il qu'il meure
Sans m'avoir embrassé même à sa dernière heure?

COMMINE.
Prince, que je vous plains !

LE COMTE DE LUDE.
C'est de la cruauté.
Mais il vous a toujours si durement traité.

LE DAUPHIN.
Non, non, quoi qu'il ait fait, messieurs, je le révère.

LE CARDINAL.
C'est à nous qu'il convient de le trouver sévère;
Il l'était.

COMMINE.
Au hasard de perdre mon crédit,
Que de fois à lui-même en secret je l'ai dit!

LE DAUPHIN.
Commine, vos conseils me sont bien nécessaires.

LE CARDINAL, bas au duc de Craon.
Le seigneur d'Argenton veut rester aux affaires.

LE DUC DE CRAON.

Il sait changer de maître.

SCÈNE IV.

Les précédens; OLIVIER.

OLIVIER.

Enfin, il est sauvé !
Le roi respire.

LE DAUPHIN.

O Dieu !

OLIVIER.

Nos soins l'ont conservé.

LE DAUPHIN.

Se peut-il ?

LE COMTE DE LUDE.

O bonheur !

LE CARDINAL.

Le ciel a vu nos larmes.

LE DUC DE CRAON.

Cher messire Olivier !

OLIVIER.

Oui, messieurs, plus d'alarmes :
Il a repris ses sens; appuyé sur mon bras,
Il vient de se lever, il a fait quelques pas ;
On espère beaucoup; mais l'ennui le tourmente.

Il veut, pour essayer sa force qui s'augmente,
Changer de lieu lui-même, et passer sans appui
Sur ce lit que nos mains ont préparé pour lui.
Prince, qu'on se retire : il l'exige, il l'ordonne :
Hors Commine et Tristan, il ne verra personne.

LE DAUPHIN.

Quoi ! pas même son fils !

OLIVIER.

Par mes soins, monseigneur,
De l'embrasser bientôt vous aurez le bonheur.

LE DAUPHIN.

Quels droits n'avez-vous pas à ma reconnaissance ?

COMMINE.

A la mienne !

PLUSIEURS COURTISANS.

A la nôtre !

LE CARDINAL.

A celle de la France !

UN OFFICIER DU CHATEAU.

Messieurs du parlement !

LE DAUPHIN.

Allons les recevoir.

LE CARDINAL, qui suit le dauphin.

Des sacremens, mon prince, admirons le pouvoir.

LE DAUPHIN.

Jamais je n'éprouvai d'ivresse plus profonde.

LE COMTE DE LUDE, qui sort avec le duc de Craon.

Un roi qui flotte ainsi compromet tout le monde.

SCÈNE V.

COMMINE, OLIVIER, TRISTAN.

OLIVIER.

Nous voilà seuls.

COMMINE.

Eh bien?

TRISTAN.

Il vivra?

OLIVIER.

Devant eux
J'ai cru devoir le dire.

TRISTAN.

Est-ce faux?

OLIVIER.

C'est douteux.
S'il retombe, il n'est plus : son existence éteinte
Ne pourra supporter une seconde atteinte.
Il demande Coitier.

TRISTAN.

Lorsque je l'arrêtai,
L'ordre qu'il m'en donna fut trois fois répété.

COMMINE.

Que dit-il de Nemours?

OLIVIER.

Rien.

COMMINE.

Ah! que la mort vienne
Lui ravir le pouvoir avant qu'il s'en souvienne!

OLIVIER.

Mais il veut voir Coitier.

TRISTAN.

Qu'avez-vous répondu?

OLIVIER.

Pour sortir d'embarras je n'ai pas entendu.
Sa pensée est changeante et sa tête affaiblie;
Il parle et se dément; se souvient, puis oublie.
Pour se prouver qu'il règne il veut tenir conseil;
Il croit tromper la mort à force d'appareil :
La couronne du sacre et le manteau d'hermine
Chargent son front qui tremble et son corps qui s'incline.
Pâle, l'œil sans regard, et d'un pas inégal,
Se traînant sous les plis de son linceul royal,
Il prétend marcher seul; mais il l'essaie à peine,
Qu'épuisé par l'effort, sans chaleur, sans haleine,
Il succombe, et murmure en refermant les yeux :
Jamais depuis vingt ans je ne me portai mieux.

ACTE V, SCÈNE V.

TRISTAN.

Il faut penser à nous.

OLIVIER.

Faisons cause commune.

COMMINE.

Faites, messieurs; pour moi, je plains votre infortune,
La cour va vous juger avec sévérité.

OLIVIER, à Tristan.

Le seigneur d'Argenton vous dit la vérité.

TRISTAN.

Mais comme à vous, je crois.

OLIVIER.

Votre main fut trop prompte;
De bien du sang versé vous allez rendre compte.

TRISTAN.

A cette œuvre de sang d'autres ont travaillé.

OLIVIER.

Je n'exécutais rien.

TRISTAN.

Je n'ai rien conseillé.

OLIVIER.

Tous mes actes à moi me semblent légitimes.

TRISTAN.

Mais le sont-ils?

OLIVIER.

Du moins ce ne sont pas des crimes.

TRISTAN.

Des crimes !...

COMMINE.

Eh ! messieurs !

TRISTAN.

Un complaisant !

COMMINE

Plus bas !

OLIVIER.

Un bourreau !

COMMINE.

Par prudence, ajournez ces débats.

TRISTAN.

Au reste, c'est le roi qu'on doit charger du blâme.
Le roi seul a tout fait.

COMMINE.

Tristan !

OLIVIER.

Je le proclame.

COMMINE.

Olivier !

TRISTAN.

Je serais bien fou de le cacher.

COMMINE.

Attendez qu'il soit mort pour le lui reprocher.
Regardez, le voici.

TRISTAN.

Ce n'est plus qu'un fantôme.

OLIVIER.

Que le ciel nous le rende, et sauve le royaume!

SCÈNE VI.

LES PRÉCÉDENS; LOUIS, appuyé sur plusieurs domestiques.

LOUIS; il s'avance lentement et s'arrête tout à coup.

Ces hommes, qui sont-ils?

OLIVIER, au roi.

Votre Olivier.

LOUIS.

C'est toi,

Mon fidèle!

OLIVIER.

Commine et Tristan.

LOUIS.

Je les voi,
Je les reconnais bien; on dirait, à l'entendre,
Que mes yeux affaiblis auraient pu s'y méprendre.
Bonjour, messieurs.

(Il s'appuie sur le dos d'un fauteuil.)

(Aux serviteurs qui l'entourent.)

Laissez : ne me soutenez pas.

Laissez-moi donc; sans vous ne puis-je faire un pas?

(Il leur fait signe de sortir.)

OLIVIER.

Reposez-vous.

LOUIS, qui s'assied.

Pourquoi? suis-je faible?

OLIVIER.

Au contraire.

LOUIS.

Ce que j'ai déjà fait, je puis encor le faire.

OLIVIER.

Et plus, si vous voulez.

LOUIS.

Je le crois.

COMMINE.

Cependant
Abuser de sa force est toujours imprudent.

LOUIS.

Je n'en abuse pas.

(jetant les yeux sur Tristan.)

Immobile à sa place,
D'où vient que d'un air sombre il me regarde en face?
Me trouve-t-il changé? vous l'a-t-il dit?

TRISTAN.

Qui, moi?
Je vous trouve à merveille.

LOUIS.

>Autrement, sur ma foi,
Tu t'abuserais fort, mon vieux compère.

TRISTAN.

>Oui, sire.

LOUIS, qui s'assoupit par degrés.

Je me sens bien ici; c'est plus vaste : on respire.

OLIVIER, à voix basse.

Il sommeille.

COMMINE, de même.

>Tous trois, nous avons fait serment
De l'avertir, messieurs, à son dernier moment.

TRISTAN.

L'avertir! à quoi bon?

COMMINE.

>Sa volonté débile
Peut encore exercer une influence utile.

OLIVIER.

Laisser à quelque ami des gages de bonté.

TRISTAN.

Je veux bien, disons-lui la triste vérité.

LOUIS, toujours assoupi.

Tristan, veille sur moi.

TRISTAN.

>Sire, soyez tranquille.

OLIVIER.

Qui la dira, messieurs?

TRISTAN.

Il faut un homme habile,
Un homme qui lui plaise, et qui sache amortir
Le coup que le malade en pourrait ressentir.

(à Olivier.)

Vous.

OLIVIER.

Mon Dieu!... je suis prêt.

COMMINE.

Parlez-lui.

OLIVIER.

Mais je l'aime,
Je l'aime tendrement : me trahissant moi-même,
A tant d'émotion je commanderais mal,
Et mon attachement lui deviendrait fatal.
Il faut un homme ferme : aussi, plus j'examine,
Plus je crois qu'un tel soin vous regarde, Commine.

COMMINE.

Volontiers... Mais pourquoi prolonger son tourment?
Mieux vaut aller au fait, même par dévoûment.
Tristan, brusquez la chose.

OLIVIER.

Et que Dieu vous inspire!

TRISTAN.

Tenez, convenons-en, c'est difficile à dire.

LOUIS.

Pourquoi parlez-vous bas?

OLIVIER.

Nous causions entre nous
De votre santé, sire.

LOUIS.

Oui, félicitez-vous.
Coitier devrait ici partager votre joie.
Que fait-il? je l'attends. Il faut que je le voie.
Allez le prévenir.

TRISTAN.

Mais vous savez...

LOUIS.

Je sais
Qu'il tarde trop long-temps.

TRISTAN.

Mais, sire...

LOUIS.

Obéissez.

(Tristan sort.)

SCÈNE VII.

Les précédens, hors TRISTAN.

LOUIS, qui marche appuyé sur Commine.

L'exercice aujourd'hui me sera salutaire ;
L'alezan que Richard m'envoya d'Angleterre,
Je me sens ce matin de force à l'essayer.
Cours l'annoncer sur l'heure à mon grand-écuyer.

OLIVIER.

Vous voulez...

LOUIS.

D'un chevreuil je veux suivre la trace.
Dis bien haut que le roi va partir pour la chasse.

OLIVIER.

Il faudrait...

LOUIS.

Sors.

OLIVIER.

Avant de prendre ce parti,
Demander à Coitier...

LOUIS.

Vous n'êtes pas sorti !

OLIVIER, à Commine.

Sa volonté revient.

SCÈNE VIII.

LOUIS, COMMINE.

LOUIS, après avoir fait quelques pas, s'asied sur le lit et prend un papier sur la table.

Ils paraîtront vulgaires,
Ces conseils que j'ajoute à mon Rosier des guerres ;
Ils sont sages pourtant.

COMMINE.

Vous les avez écrits ?

LOUIS, lui passant le papier.

Lisez.

COMMINE.

« Quand les rois n'ont point égard à la loi, ils
« ôtent au peuple ce qu'ils doivent lui laisser, et
« ne lui donnent pas ce qu'il doit avoir. Ce faisant,
« ils rendent leur peuple esclave, et perdent le nom
« de rois : car nul ne doit être appelé roi, hors celui
« qui règne sur des hommes libres...* »

LOUIS.

Force à la loi. Si j'en ai fait mépris,
C'est que pour renverser on ne peut rien par elle.
La royauté sans moi fût restée en tutelle.

---

* Rosier des guerres.

La voilà grande dame, et la hache à la main;
Bien osé qui voudra lui barrer le chemin!
Son écueil à venir, c'est son pouvoir suprême :
Tout pouvoir excessif meurt par son excès même.
La loi, monsieur, la loi!

COMMINE.

Ce précepte important,
Votre fils le suivra.

LOUIS.

Ne nous pressons pas tant :
Qu'il le lise, et qu'un jour il soit sa politique.
La mienne est de régner sans le mettre en pratique,
Et tout seul, et long-temps.

COMMINE.

Une haute raison
Peut remplacer la loi.

LOUIS, écartant le manteau dont il est couvert.

Cette pompe, à quoi bon?
D'où vient que pour me nuire on a pris tant de peine?
Qui les en a priés? Ma couronne me gêne.
Posez-la près de moi, plus près, plus près encor!
Sous mes yeux, sous ma main.

COMMINE.

Je crois qu'à ce trésor
Nul n'oserait toucher.

LOUIS, montrant la couronne.

Non : mort à qui la touche!
Ils le savent.

SCÈNE IX.

LES PRÉCÉDENS, COITIER, TRISTAN.

COITIER, en entrant, à Tristan.

Le roi l'apprendra de ma bouche;
Je le lui dirai, moi.

LOUIS.

C'est Coitier. D'où viens-tu?

COITIER.

D'où je viens? Sur mon ame, il faut de la vertu
Pour répondre avec calme à cette raillerie.
D'où je viens?

LOUIS.

Parle donc.

COITIER.

Mais cette main meurtrie
Par les durs traitemens qu'aujourd'hui j'ai soufferts,
Cette main porte encor l'empreinte de mes fers :
Elle parle pour moi.

LOUIS.

Je ne puis te comprendre.

COITIER.

D'où je viens? du cachot.

LOUIS.

Toi!

COITIER.

Faut-il vous l'apprendre?

LOUIS.

Qui donna l'ordre?

COITIER.

Vous.

LOUIS.

J'affirme...

COITIER.

Devant moi;
C'est vous, vrai Dieu! vous-même.

LOUIS.

En quel lieu? quand? pourquoi?

COITIER.

Me croire de moitié dans un projet semblable!
De cette trahison si j'eusse été capable,
Qui me gênait? quel bras se fût mis entre nous?
Qui m'aurait empêché d'en finir avec vous?
Je le pouvais sans arme et sans laisser d'indice.
Mais moi, sous vos rideaux introduire un complice!...

LOUIS, *en se levant.*

Attends!...

COITIER.

Moi, l'y cacher!

ACTE V, SCÈNE IX.

LOUIS.

Attends!... quel rêve affreux!
La nuit sous mes rideaux, un homme...

COITIER.

Un malheureux...

COMMINE, bas au médecin.

Coitier!

COITIER.

Qui n'a commis que la moitié du crime;
Qui, le poignard levé, fit grâce à la victime.

LOUIS.

Un poignard, un poignard! Nemours! point de pitié!
Nemours!

COMMINE, à Coitier.

Qu'avez-vous fait! il l'avait oublié.

COITIER.

Qu'entends-je?

LOUIS.

Ah! c'est agir en ami véritable
Que de me rappeler le crime et le coupable.

(à Tristan.)

Est-il mort?

TRISTAN.

J'attendais...

LOUIS.

Quoi! traître, il n'est pas mort!

TRISTAN.

Sire, c'est le dauphin qui, touché de son sort,
M'a prié de suspendre...

LOUIS.

Un ordre qui me venge!
Un ordre de son roi!... Votre excuse est étrange.
Que s'est-il donc passé? l'ai-je bien entendu?
Sous ma tombe à Cléry me croit-on descendu?
Mon fils!... pour son malheur faut-il que je le craigne?
S'il a régné trop tôt, il est douteux qu'il règne.

COITIER.

Eh! sire, laissez là le soin de vous venger.
C'est à Dieu maintenant, à Dieu qu'il faut songer :
Car votre heure est venue.

LOUIS, retombant sur le lit.

Hein! que dis-tu?

COITIER.

J'atteste
Que ce jour où je parle est le seul qui vous reste :
C'est le dernier pour vous.

LOUIS.

Et pour mon prisonnier,
Quoi qu'il m'arrive à moi, c'est aussi le dernier.
Mais tu n'as pas dit vrai.

COITIER.

Par ce ciel qui m'éclaire!

J'ai dit vrai, pesez bien ce que vous devez faire :
Vous allez en répondre.

LOUIS.

(au grand-prévôt.

Il n'importe! Va-t'en?
Qu'il meure, ou tu mourras. Me comprends-tu?

COMMINE, s'approchant de Tristan et à voix basse.

Tristan!...

TRISTAN, à Commine.

S'il y va de la vie!

(Il sort.)

SCÈNE X.

LES PRÉCÉDENS, hors TRISTAN.

LOUIS, à Coitier.

Oh! non, c'est impossible :
Tu voulais m'effrayer; l'instant, l'instant terrible,
Il est loin, conviens-en.

COITIER.

J'ai dit la vérité.

LOUIS.

Je ne suis pas encore à toute extrémité.
Dieu! quel mal tu m'as fait!... mon sang glacé s'arrête :
Il laisse un vide affreux dans mon cœur, dans ma tête...
Qu'on cherche le dauphin.

COMMINE.

J'y cours.

LOUIS.

Restez ici :
Il me croirait perdu s'il me voyait ainsi.
Je me sens défaillir sous un poids qui m'oppresse;
Il m'étouffe : ô douleur!... ce n'est qu'une faiblesse,
Mais ce n'est pas la mort. Sauve-moi, bon Coiter!...
De l'air! ah! pour de l'air mon trésor tout entier!
Prends, prends, mais sauve-moi. Le dauphin, qu'on l'appelle.
Non, ce n'est pas la mort... ô Dieu! mon Dieu!...

(Il se renverse sur le lit et tombe sans mouvement.)

COITIER.

C'est elle.

COMMINE.

Essayez, s'il se peut, de retarder sa fin,
Je cours vers monseigneur.

SCÈNE XI.

LOUIS, COITIER.

COITIER, après l'avoir regardé un moment en silence.

Me voilà libre, enfin!

(Il passe la main sur le visage du roi, et soulève les paupières.)

Ses lèvres, son œil terne où la vie est éteinte,
De la destruction portent déjà l'empreinte!

(prenant le bras, qui retombe.)

C'est du marbre; il n'est plus, et Nemours... Le cœur bat.
Il peut sortir vivant de ce nouveau combat;
Oui, si je le ranime... Et dans quelle espérance?
En prolongeant ses jours d'une heure de souffrance,
J'ajoute un crime horrible à ses crimes passés,
Le meurtre de Nemours! Oh! non, non, c'est assez.
Nature, agis sans moi; mon art te l'abandonne :
Ce roi par mon secours ne tûra plus personne.
Tu peux, pour ce forfait, disputer un instant,
Si tel est ton plaisir, sa dépouille au néant;
Mais qu'à ta honte au moins ton œuvre s'accomplisse:
Je suis trop las de lui pour être ton complice.

SCÈNE XII.

LOUIS, LE DAUPHIN, COITIER, COMMINE,
OLIVIER, PLUSIEURS COURTISANS.

LE DAUPHIN.

Lui! mon père! il m'appelle, il veut m'ouvrir ses bras....

(à Coitier.)

Dieu! serait-il trop tard?... Vous ne répondez pas :
Ce silence m'éclaire; il a cessé de vivre.
Sortez, qu'à ma douleur sans témoins je me livre.

COMMINE.

Monseigneur...

LE DAUPHIN.

Laissez-moi, je vous l'ordonne à tous.

SCÈNE XIII.

LOUIS, LE DAUPHIN.

LE DAUPHIN, à genoux auprès du lit.

O mon père, ô mon roi, me voici devant vous.
Recueillez dans les cieux, d'où vous pouvez m'entendre,
Les regrets de ce cœur qui pour vous fut si tendre.
Respectant vos rigueurs, votre fils méconnu
Jamais, pour les blâmer, ne s'en est souvenu;
Loin, bien loin d'accuser votre sagesse auguste,
Je me cherchais des torts pour vous trouver plus juste.
Je n'ai pu vous fléchir, et cette froide main,
Que je couvre de pleurs, que je réchauffe en vain,
Hélas! c'est donc la mort, et non votre tendresse,
Qui permet aujourd'hui que ma bouche la presse;
Et pour que votre fils ne fût pas repoussé,
Mon père, il a fallu que ce bras fût glacé!

(se relevant.)

Moi! sur la royauté lever un œil avide!
Elle seule a flétri ce visage livide;
Comme un présent fatal de vous je la reçois :

(il prend la couronne.)

Puissé-je la porter sans fléchir sous son poids!
Que j'en sois digne un jour.

SCÈNE XIV.

Les précédens; MARIE.

MARIE, se jetant aux pieds du dauphin, et lui présentant l'anneau qu'elle a reçu de lui.

Sire, pitié ! clémence !
Tristan l'a condamné ; révoquez sa sentence.
Sire, vous pouvez tout : reconnaissez ce don ;
Ah ! qu'il soit pour Nemours un gage de pardon !
Nemours ! il va périr, et sa vie est la mienne ;
Le dauphin a promis : que le roi s'en souvienne.

LE DAUPHIN.

Rassure-toi, Marie ! il s'en souvient, va, cours ;

(plaçant la couronne sur sa tête.)

Le roi tient sa parole, et pardonne à Nemours.

(A la fin de la scène précédente, et pendant celle-ci, Louis, qui se ranime par degrés, fait quelques mouvemens. Il alonge son bras pour chercher la couronne ; puis il se soulève et promène ses regards autour de lui. Appuyé sur la table, il se traîne jusqu'au dauphin, et lui pose la main sur l'épaule : celui-ci jette un cri, et tombe à genoux à côté de Marie.)

LOUIS, au dauphin, qui veut lui rendre la couronne.

Gardez-la, gardez-la ; mon heure est arrivée.
J'accepte la douleur qui m'était réservée ;
Je l'offre à Dieu ! Mon père est vengé par mon fils !

SCÈNE XV.

Les précédens; FRANÇOIS DE PAULE, COMMINE, OLIVIER, LE CARDINAL D'ALBY, LE DUC DE CRAON, LE COMTE DE LUDE, le clergé, la cour, le parlement.

LOUIS.

Approchez tous : à lui le royaume des lis !
A moi celui du ciel; c'est le seul où j'aspire.
(au dauphin.)
Vous, écoutez ma voix au moment qu'elle expire [*].
Faites ce que je dis et non ce que j'ai fait :
J'ai voulu m'agrandir, je me suis satisfait.
La France a payé cher cette gloire onéreuse :
Vous la trouvez puissante, il faut la rendre heureuse.
Ne séparez jamais votre intérêt du sien;
(bas.)
Honorez beaucoup Rome, et ne lui cédez rien.
Si fort que vous soyez, si grand qu'on vous proclame,
Aimez qui vous résiste, et croyez qui vous blâme.
Quand vous devez punir, laissez agir la loi;
Quand on peut pardonner, faites parler le roi.

MARIE, avec désespoir.

Qu'il parle pour Nemours !

[*] Dernières instructions du roi Louis XI à son fils.

FRANÇOIS DE PAULE.

Sire, Dieu vous contemple :
Donnez donc une fois le précepte et l'exemple.

LE DAUPHIN.

Laissez-vous attendrir.

LOUIS, à François de Paule.

Et si je suis clément,
Ce Dieu m'en tiendra compte au jour du jugement?

FRANÇOIS DE PAULE.

Mais vous lui répondrez de chaque instant qui passe.

LOUIS.

Je pardonne.

MARIE.

C'est moi qui lui porte sa grace ;
Moi, moi, j'y cours... Tristan!

SCÈNE XVI.

LES PRÉCÉDENS; TRISTAN.

TRISTAN.

L'ordre est exécuté.

MARIE, tombant sur un siége.

Il est mort!

LOUIS.

Ce bourreau s'est toujours trop hâté.

(*montrant* Olivier.)

Qu'il en porte la peine, ainsi que cet infame
Dont les mauvais conseils empoisonnaient mon ame.
A leur juge ici-bas je les livre tous deux,
 (joignant les mains.)
Pour que le mien s'apaise et soit moins rigoureux.
 (à François de Paule en s'agenouillant.)
Hâtez-vous de m'absoudre; il m'attend... il m'appelle.
Priez pour le salut de mon ame immortelle.
Sauvez-la de l'enfer!... je me repens de tout ;
Humble de cœur, j'ai pris la puissance en dégoût.
Voyez... je n'en veux plus. Qu'est-ce que la couronne?
 (en se relevant.)
Fausse grandeur...néant!... priez...je veux, j'ordonne...
 (Il chancelle et tombe mort au pied du lit.)

COITIER, qui met un genou en terre et lui pose la main sur le cœur.

Commine, c'en est fait !

COMMINE, quittant le fauteuil où il donnait des soins à sa fille, s'incline et dit au dauphin :

Sire, il n'est plus !

UN HÉRAUT, d'une voix solennelle.

« Le roi est mort ! le roi est mort ! »

TOUTE LA COUR, se précipitant vers le dauphin.

« Vive le roi ! »

FRANÇOIS DE PAULE.

Mon fils,

Considérez sa fin, méditez ses avis ;
Et n'oubliez jamais sous votre diadème
Qu'on est roi pour son peuple et non pas pour soi-même.

FIN DE LOUIS XI.

EXAMEN CRITIQUE

DE LOUIS XI.

Un défi a été porté à un grand talent par ce goût d'imitations étrangères qui a envahi, depuis quelques années, le domaine des beaux-arts, et plus spécialement celui de la littérature dramatique; M. C. Delavigne y a répondu par *Louis XI*. Ce système se combine, comme on sait, de hardiesses quelquefois heureuses et brillantes, souvent puériles jusqu'à la trivialité, presque toujours repoussantes, tantôt par l'exagération, tantôt par l'humilité rampante des formes. Ce genre admet le mélange ou la succession de tous les styles; il ne se reproche point de licences, par la raison qu'il ne reconnaît point de règles. Parlez-lui du principe des trois unités, ce principe étayé de l'autorité des législateurs, et bien mieux consacré par l'exemple des chefs-d'œuvre qui, depuis Sophocle jusqu'à Voltaire, lui sont redevables de leur désespérante perfection, vous serez accueilli par un sourire d'orgueil et de dédain, et ce sourire, dans la pensée des novateurs, signifie : vous êtes des profanes, vous ne valez pas les honneurs de la réfutation. Passez à la réalité, il n'est autre chose que l'aveu explicite de leur impuissance et de leur confusion. Cependant ils avaient un moyen bien simple de nous réduire au silence : c'était de parler par leurs ouvrages; ils l'ont fait, et nous n'avons pas oublié ce qui en est advenu. Au bout de quelques mois d'un succès obtenu, moitié par la violence matérielle des souteneurs et des amis, moitié par la richesse des décorations et des costumes, ainsi que par l'attrait irrésistible de la nouveauté, leurs pièces, après avoir épuisé la patiente curiosité du public, ont cédé la place à d'autres ouvrages de même force, qui ont subi les mêmes chances d'un succès éphémère et d'une chute définitive, et, avec la meilleure volonté du monde, il a été impossible de les en relever. L'impression et la lecture ont achevé leur ruine. L'échafaudage de la cabale une fois écroulé n'a laissé voir derrière lui que des décombres. Ne nous plaignons pas d'un triomphe momentané qui a servi à rendre leurs revers plus éclatans et plus instructifs.

Observons bien que ce qui manque à la plupart des auteurs que nous avons en vue, c'est beaucoup moins le talent, dont plusieurs d'entre eux ont fait preuve en d'autres genres, que le goût, la raison, la mesure et le style. C'est calomnier la critique que de lui supposer la pensée de renfermer les compositions théâtrales dans le cercle des formes et des sujets anciens. Elle n'a, au contraire, cessé de crier aux poètes : Ouvrez de nouvelles voies ; élargissez à votre gré les routes que vos devanciers ont parcourues; abandonnez, nous ne demandons pas mieux, les traces des Grecs et des Latins, et osez, suivant l'expression d'Horace, célébrer à votre tour les faits domestiques. Évoquez les évènemens ou tristement fameux, ou noblement célèbres, de nos annales. Ressuscitez ces morts illustres, ou ces grands criminels, dont nous avons conservé des souvenirs si différens, et toutefois également utiles ; la carrière est belle, elle est immense; mais, pour y marcher avec gloire, songez quels engagemens vous contractez avec la masse éclairée de ce public qui vous observe et qui vous écoute. Vous êtes poètes et historiens tout ensemble. Soyez donc fidèles à l'histoire et à la poésie. Gardez-vous de dénaturer les caractères établis par des traditions constantes, et de leur substituer des fantômes créés dans l'intérêt d'une vaine et pernicieuse popularité. Vous cherchez des effets qui attachent, qui réveillent, qui étonnent le spectateur : rien de mieux; Boileau vous en a donné le conseil; mais faites en sorte que ces effets sortent du sujet, qu'ils soient amenés par des moyens naturels, qu'ils n'imposent aucun sacrifice ni à la vérité, ni à la vraisemblance historique, ni au respect dû aux convenances sociales, et aux habitudes morales de la nation à qui vous adressez la parole. Quand vous aurez satisfait à ces conditions, votre tâche ne sera encore qu'à moitié remplie. Vous n'avez élevé que la charpente de l'édifice; il vous reste à le décorer. Ici est la tâche exclusive du poète. Tout ce que je pourrais dire à cet égard se trouve exprimé par ce vers d'un écrivain que l'on n'accusera pas d'avoir manqué d'activité ou de mouvement progressif dans ses productions littéraires; c'est l'auteur de *Charles IX*, de *Fénélon*, de *Philippe II*, qui a dit:

Sur des sujets nouveaux faisons des vers antiques.

Ce qui signifie, je pense, faisons, ou du moins tâchons de faire des vers comme les faisaient Racine et Voltaire; des vers rhythmiques, élégans, harmonieux; des vers nobles dans leur simplicité, des vers également éloignés de l'emphase et de la bassesse; et l'on voit qu'autant par le choix des sujets qu'il a traités que par la forme de composition qu'il y a appliquée, si l'auteur du précepte est resté inférieur à ses modèles, par son exemple du moins il s'est rapproché d'eux, autant que ses forces le lui ont permis.

Il n'était point à craindre que M. C. Delavigne se brisât contre les écueils du genre auquel il a consenti à assouplir son génie. *Louis XI* est une tragédie moderne dans ce sens que le poète y a introduit des personnages qu'eût repoussés la dignité du cothurne antique. Je n'entends pas parler du prévôt Tristan, puisqu'il a son pendant dans le Narcisse de *Britannicus;* mais je parle du médecin Coitier si utile cependant à l'action, et qui en est le principal et l'indispensable régulateur; je parle de ces danses où de malheureux paysans sont condamnés à des démonstrations joyeuses, sous peine de la hart; de cette entrée solennelle du pieux anachorète de la Calabre, au milieu des cantiques des jeunes villageoises, et de l'appareil pompeux des symboles les plus révérés de la religion; je parle du barbier-ministre Olivier-Le-Dain; de l'épisode un peu hasardé des amourettes du dauphin avec la jeune et innocente Marie. Tous ces détails sont nouveaux, il faut en convenir, et ils eussent paru, il y a quelques années, incompatibles avec les formes reçues et avec la sévérité de l'ancienne tragédie. Aujourd'hui ils sont applaudis, ils plaisent même aux esprits délicats, parce que les hommes de goût se rappellent qu'ayant voulu peindre les dernières angoisses d'un tyran, victime de ses remords et des inutiles précautions qu'il prend pour s'en affranchir, tout était en quelque sorte permis au poète pour faire ressortir les couleurs de cet effrayant tableau, de cette instructive agonie. Ces danses de campagne, ces chants de la piété, ces paroles d'amour, ne sont-ce point là d'admirables préparations aux mouvemens tumultueux que va bientôt nous offrir l'intérieur des tours du Plessis, aux rugissemens du monstre anéanti sous l'anathème de l'homme de Dieu, aux malédictions du mauvais père qui se venge sur lui-même et sur son fils des souvenirs de sa jeunesse parricide?

Mais voici ce qui frappera le lecteur attentif, c'est que ces détails même si familiers, si peu concordans en apparence avec l'orgueil de la vieille Melpomène, sont constamment relevés ou par les graces, ou par l'énergie du style; que jamais un mot bas n'ose s'y montrer; que le rhythme et la césure y sont constamment respectés; que le sens est toujours clair: et que si le langage est celui de la nature, c'est celui d'une nature choisie et appropriée aux exigences d'une société d'élite. Car, même au théâtre, on veut bien qu'un paysan soit un paysan; mais on ne lui demande pas, quand malheureusement pour lui il habite les environs du Plessis-lès-Tours, de charmer les oreilles de son patois tourangeau.

Coitier n'est qu'un médecin, mais c'est le médecin de Louis XI, et de Louis XI sur le seuil du tombeau. Il est donc le maître de la destinée d'un prince lâche et superstitieux qui le ménage par peur, et qui le sacrifierait sans scrupule, si un miracle qu'il a l'audace d'espérer lui rendait la santé et la vie.

Ah! traître! si jamais tu deviens inutile!

Tout le caractère de Louis XI est dans ce vers, qui est presque sublime par le jour rapide qu'il jette sur l'ame du monstre couronné. Coitier connaît bien son malade ; voyez avec quelle énergique vérité Coitier trace l'image de sa situation auprès du Roi (act. I, sc. IV),

<blockquote>Il serait mon tyran, si je n'étais le sien.</blockquote>

Et toute la tirade, en complétant cette pensée, met à nu le mobile de sa conduite hardie et les motifs de sa sécurité. Ce n'est plus un médecin qui parle, c'est un philosophe éloquent, c'est un profond anatomiste du cœur humain ; et là, point de mots sonores, point d'hyperboles, point d'amplification. Tout est serré, précis, nerveux : c'est Voltaire qui écrit sous la dictée de Montaigne.

Je ne veux pas dissimuler une objection que j'ai entendu faire contre l'invraisemblance de la mission de Nemours, envoyé par le duc de Bourgogne à Louis XI, et qui se présente à sa cour sous le nom du comte de Rhétel. Comment, a-t-on dit, ce roi qui avait dans toute l'Europe des gens affidés auxquels il prodiguait ses trésors, qui devait surveiller avant tout les démarches de son redoutable vassal Charles-le-Téméraire ; comment ce prince auquel ses juges les plus sévères n'ont jamais refusé la finesse, la ruse et la science de la politique la plus déliée; comment Louis XI, en un mot, peut-il ignorer l'existence de Nemours? Comment ce fils, couvert encore enfant du sang d'un père immolé sur un échafaud, et dont l'esprit de vengeance, grandi avec les années, doit être pour le meurtrier un sujet perpétuel d'une prévoyante inquiétude, peut-il se flatter de se dérober, sous un nom qui n'existe plus, aux regards d'un tyran soupçonneux? S'il est reconnu, comme il l'est effectivement dans la tragédie, il est perdu, et sa haine impuissante descend avec lui dans la tombe.

L'objection est spécieuse, et je ne prétends ni l'affaiblir, ni la réfuter complètement. Je me borne à faire observer que, s'il y a invraisemblance, c'est du moins une de celles que l'on pardonne facilement à un poète dramatique, quand il a su en tirer d'admirables effets. J'ajouterai que ce qui est moralement improbable n'est pas pour cela strictement impossible; que, quelque habile que fût la politique de Louis XI, elle a pu être déjouée dans cette circonstance par les instructions combinées de Commine et de Coitier, l'un et l'autre sauveurs du jeune héritier des d'Armagnac. Quant au danger personnel du prince, son courage, ou plutôt son fanatisme filial, suffit pour expliquer son audace; celui qui veut frapper le bourreau de son père doit suivre le seul chemin qui mène jusqu'à lui, et il est évident qu'au moment de son départ, à celui de son arrivée au terme de son voyage, le sacrifice de sa vie est consommé.

La plus grande, la plus terrible scène de l'ouvrage, et, j'ose ajouter, une des plus belles que l'on puisse admirer au Théâtre-Français, est sans contredit celle de *la confession* (act. IV, sc. VI). Quel spectacle que celui de ce roi si long-temps redouté, déjà serré par les étreintes glacées de la mort, forcé d'avouer ses crimes devant un pauvre ermite, dont il implore un pardon qui ne sera point accordé, parce que partagé entre ses lâches terreurs et ses habitudes sanguinaires, il refuse celui des malheureux, des innocens qu'il tient enfermés dans les souterrains meurtriers de son château! Il prie, le misérable; et cependant, toujours roi, quoique pénitent, il se tient debout devant son juge. Mais lorsque de ses lèvres déjà pâles et flétries tombe l'aveu qu'il a empoisonné son frère, une majesté royale, une majesté presque divine a passé sur le front et dans l'attitude du prêtre :

> Et contre tes remords ton cœur cherche un refuge !
> Tremble, j'étais ton frère, et je deviens ton juge.
> Écrasé sous ta faute aux pieds du tribunal,
> Baisse donc maintenant, courbe ton front royal,
> Rentre dans le néant, majesté périssable :
> Je ne vois plus le roi, j'écoute le coupable.
> Fratricide, à genoux !

Louis foudroyé, cédant à l'ascendant de la vertu

et de la religion, obéit, et déroule la série de ses crimes. Sans oublier les innombrables victimes qu'il a fait périr dans l'air, dans les flots, dans les puits meurtriers (les oubliettes), il passe au récit du supplice de d'Armagnac, et au raffinement de barbarie qui força trois enfans innocens à assister au supplice de leur père, et à ne sortir de dessous l'échafaud qu'inondés de son sang. Cependant, malgré l'énormité de ses crimes, le ministre d'une religion de charité et de clémence est prêt à pardonner, si le grand coupable brise les fers des innocens qui gémissent dans les cachots de son donjon. Louis refuse, réclame un délai.

> Adieu donc, meurtrier; je ne saurais t'absoudre.
> — Quoi, me condamnez-vous? — Dieu peut tout pardonner;
> Lorsqu'il hésite encor, dois-je te condamner?
> Mais profite, ô mon fils, du répit qu'il t'accorde;
> Pleure toujours, obtiens de sa miséricorde
> Qu'enfin ton cœur brisé s'ouvre à ces malheureux;
> Pardonne, et que le jour recommence pour eux.
> Quand tu voulais fléchir la céleste vengeance,
> Du sein de leurs cachots, du fond de leur souffrance,
> A ta voix qu'ils couvraient leurs cris ont répondu;
> Fais-les taire, et de Dieu tu seras entendu.

François de Paule s'éloigne; Louis s'agenouille et s'efforce de prier. Dans ce moment un fantôme effrayant s'élance; il était caché derrière les rideaux du lit: c'est Nemours; un poignard brille dans ses mains; la pointe touche la poitrine du roi, et lui commande le silence. Inutile de faire l'analyse d'une scène merveilleuse que le lecteur a sous les yeux; qu'il me soit seulement permis de lui faire remarquer par quelle ingénieuse gradation ce fils si ardent dans ses justes ressentimens, si impétueux dans ses passions juvéniles, si opiniâtre, si dévoué dans ses projets de vengeance, maître de la vie du roi qui la demande servilement à genoux, se traînant même aux pieds de Nemours, est amené cependant à ne pas trouver pour lui de supplice plus grand que de lui laisser la vie. Cela est beau ; pourquoi ? Nemours a entendu la confession de Louis, l'aveu de ses terreurs, de ses remords, de ses souffrances physiques et morales. En permettant de vivre à un être si malheureux, Nemours n'est que trop vengé. Il le laisse seul avec lui-même ; il le laisse en tête à tête avec son plus implacable bourreau.

Une secousse aussi violente achève de briser les ressorts de la vie du roi; il touche au moment fatal; mais avant d'expirer, il veut à son tour se venger de Nemours. Il charge de ce soin l'exécrable fidélité de Tristan ; et il n'est que trop promptement obéi. Vaincu néanmoins par les sollicitations du Dauphin et de François de Paule, le roi fait un effort sur lui-même, et accorde le pardon. Mais Tristan paraît et annonce que l'ordre est exécuté. « Le bourreau s'est toujours trop hâté ; » telle est la réponse de Louis; et, suivant la coutume des tyrans, les deux ministres, les deux conseillers, les deux exécuteurs de ses cruautés, sont renvoyés devant les juges d'ici-bas. Quelques minutes s'écoulent, et Louis a comparu au tribunal de Dieu.

Il faut voir dans la lettre d'Étienne Pasquier à M. de Tiard, imprimée en tête de cette édition, comment ce savant et judicieux historien a jugé Louis XI. M. C. Delavigne ne pouvait se prévaloir d'une autorité plus grave, ni prendre un guide plus sûr pour montrer sur la scène un roi très diversement jugé par des biographes dupes volontaires de leurs intérêts ou de leurs passions. « C'était un esprit prompt, remuant et versatile. » Voyez-le dans la tragédie. Il apprend la mort de Charles-le-Téméraire. A l'instant même les ordres sont donnés à tous ses généraux pour qu'ils aient à surprendre les places du duc de Bourgogne, et à rendre à la couronne les riches provinces qu'une haute imprévoyance lui avait accordées en apanage. « Fin et feint en ses entreprises. » Louis dissimule avec l'embassadeur de Charles, mais le comte de Rhétel se remettra en route avec ses dépêches. Tristan est appelé; Louis ne s'explique point avec son confident; mais Tristan l'a deviné, *l'a compris*. Un incident élevé sur la route préviendra à jamais le retour de l'envoyé auprès de son maître. Machiavel, qui n'a écrit son *Prince* que quelques années après la mort de Louis XI, a beaucoup d'obligations à ce roi. L'auteur a dû s'inspirer souvent de ses souvenirs. Veut-on encore un petit acte de feintise? C'est le Tartufe du quinzième siècle préludant délicieusement au Tartufe du dix-septième. Il vient de confisquer en toute humilité tous les fiefs de Charles. Mais voici le correctif :

> En brave qu'il était le noble duc est mort;
> Messieurs, ce fut hasard quand on nous vit d'accord.
> Il m'a voulu du mal, et m'a fait à Péronne
> Passer trois de ces nuits qu'avec peine on pardonne;
> Mais tout ressentiment s'éteint sur un cercueil;
> Il était mon cousin, la cour prendra le deuil.

J'ai à peine prononcé le nom de Commine. Cet historien, néanmoins, joue dans *Louis XI* un rôle assez important. C'est lui qui fait l'exposition de la pièce, d'abord en relisant à haute voix la partie de ses Mémoires où sont consignées les époques les plus marquantes et les traits les plus caractéristiques du règne de Louis XI, ensuite dans une conversation familière avec Coitier, où ces deux hommes, courtisans chacun à leur manière, mais également cupides, également ambitieux, se font de ces demi-confidences qui éclairent l'avenir du drame, et qui, dans le développement de deux caractères, annoncent ou font pressentir l'avenir de l'action à laquelle ils vont prendre part.

Intérêt, poésie, fidélité de mœurs, tableaux pathétiques ou terribles, grandes leçons morales pour les peuples et pour les rois; tels sont, en résumé, les titres de la tragédie de *Louis XI* à l'estime et à l'admiration des connaisseurs; c'est une tragédie qui, tenant une des premières places dans la collection des œuvres de M. C. Delavigne, ne peut manquer d'en conserver une également distinguée dans le répertoire du Théâtre-Français.

LES
ENFANS D'ÉDOUARD,

TRAGÉDIE EN CINQ ACTES,

REPRÉSENTÉE POUR LA PREMIÈRE FOIS A PARIS, SUR LE THÉATRE FRANÇAIS, LE 11 FÉVRIER 1832.

O thus, quoth Dighton, lay the gentle babes, —
Thus, thus, quoth Forrest, girdling one another
Within their alabaster innocent arms:
Their lips were four red roses on a stalk,
Which, in their summer beauty, kiss'd each other.
A book of prayers on their pillow lay:
Which once, quoth Forrest, almost chang'd my mind;
But, O, the devil — there the villain stopp'd;
When Digthon thus told on, — we smothered
The most replenished sweet work of nature,
That from the prime creation, e'er she fram'd. —

(SHAKSPEARE.)

« C'est ainsi, me disait Dighton, qu'étaient couchés
« ces aimables enfans. » — « Ils se tenaient ainsi, disait
« Forrest, l'un l'autre entourés de leurs bras innocens
« et blancs comme l'albâtre; leurs lèvres semblaient
« quatre roses vermeilles sur une seule tige, qui, dans
« tout l'éclat de leur beauté, se baisaient l'une l'autre.
« Un livre de prières était posé sur leur chevet: cette
« vue, dit Forrest, a, pendant un moment, presque
« changé mon ame. Mais, oh! le démon... » Le scélérat
« s'est arrêté à ce mot, et Dighton a continué; « Nous
« avons étouffé le plus parfait, le plus charmant ouvrage
« que la nature ait jamais formé depuis la création »

A mon Ami,

PAUL DELAROCHE,

MA

TRAGÉDIE DES ENFANS D'ÉDOUARD.

Casimir Delavigne.

L'EXTINCTION

DES

DEUX FILS DU ROY ÉDOUARD

D'ANGLETERRE.

Le roy Édouard d'Angleterre, quatrième de ce nom, recommanda avant son trespas ses deux fils Édouard et George (1) à son frère Richard, duc de Glocestre, afin que Édouard, prince de Galles, son fils aîné, cagé de quatorze ans, succédast à la couronne, comme son vrai héritier. Son dit frère Richard, duc de Glocestre, proumit de faire son possible, et demoura régent, et print en sa tutelle les deux enfans ses nepveux. Ycelui, faindant vouloir debeller et envahir les François, assembla grande pécune et suffisante armée pour ce faire, et arriva à Londres la nuict Sainct-Jehan-Baptiste; et commença des lors à monter en orgueil; si devint à demi tyran. La reine d'Angleterre, cognoissant la protervie de son courage, se tirra arrière et emmena ses enfans en une place forte nommée Vastremonstre (Westminster), afin que le dit de Glocestre ne leur fist quelque moleste. Néantmoins ceulx de Galles, les princes du sang et parenté du roy Édouard se mirent en peine de couronner le

(1) La plupart des historiens s'accordent à donner à ce prince le nom de Richard.

prince de Galles, et tirèrent vers Londres pour ce faire; et le dit duc de Glocestre l'une fois se faindoit être joyeux de ce couronnement, l'aultre fois tenoit terme tout au contraire; et y mit tant d'entraves que la chose suschey.

Il trouva façon par aulcunes accusations de soi despescher du seigneur d'Escales, oncle des dits enfans, et seigneur de la Rivière, ensemble de Thomas Vayant; puis fit bouter le dit prince son nepveu en la Tour de Londres; et pour ce qu'il sembloit qu'il ne poyoit faire chose de valeur s'il n'avoit le second fils son nepveu, eagé de douze ans; afin de anéantir la querelle, il le fit mander par l'arcevesque de Cantorbie, oncle des dits enfans, lequel dit à la mère, vevfe du roy Édouard, que son fils George vinst hastivement au couronnement de son frère; si verroit les honneurs qui se feroient illecq afin de tousjours apprendre. La reine, toute apprinse des deceptions de son beau-frère, l'accordoit fort enuis; nonobstant elle se confioit au dit arcevesque.

Le second fils du roy Édouard, nommé George, comme dit est, fut renclu et bouté en la Tour de Londres, avecq son frère aisné; le duc Richard leur fit donner estat, qui fort diminua. L'aisné fils estoit simple et fort mélancolieux, cognoissant aulcunement la mauvaiseté de son oncle, et le second fils estoit fort joyeux et spirituel, appert et prompt aux danses et aux esbats; et disoit à son frère, portant l'ordre de la Jarretière: « Mon frère, apprenez à danser. » Et son frère lui répondit : « Il vauldroit mieux que vous et moi apprinssions à mourir, car je cuide bien savoir que guaires de temps ne serons au monde. » Ils furent environ cinq sepmaines prisonniers; et par le capitaine de la Tour le duc Richard les fit occultement mourir et esteindre.

Aulcuns disent qu'il les fit bouter en une grande huge, et enclorre illec sans boire et sans manger. Aultres disent qu'ils furent estains entre deux quientes, couchants en une même chambre. Et quant vint à l'exécution, Édouard, l'aisné fils, dormoit, et le jeune veilloit, lequel s'apperçut du malice, car il commença à dire : « Ha! mon frère, esveillez-vous, car l'on vous vient occir! « Puis disoit aux appariteurs : « Pourquoi tuez-vous mon frère? Tuez-moi et le laissez vivre! « Ainsi doncques l'un après l'autre furent exécutés et estaincts, et les corps rués en quelque lieu secret; puis furent recueillis, et après la mort du roy Richard eurent royaux obsecques.

(CHRONIQUE DE MOLINET.)

PERSONNAGES.

ÉDOUARD V, roi d'Angleterre.

RICHARD, duc d'York, son frère.

RICHARD, duc de Glocester, oncle des princes, régent du royaume.

LE DUC DE BUCKINGHAM.

SIR JAMES TYRREL.

LA REINE ÉLISABETH, veuve de lord Gray, puis d'Édouard IV, mère des deux princes.

LUCI, première femme de la reine.

EMMA, } femmes de la reine.
FANNY, }

WILLIAM, serviteur de la reine.

LE CARDINAL BOURCHIER. }
L'ARCHEVÊQUE D'YORK. } Personnages
DIGTHON. } muets.
FORREST. }

Lords Seigneurs de la cour, Gardes, etc.

LES ENFANTS D'ÉDOUARD.

LES ENFANS D'ÉDOUARD,

TRAGÉDIE.

ACTE PREMIER.

Un salon chez la reine Élisabeth. D'un côté la reine occupée à broder, de l'autre quelques métiers de tapisserie abandonnés par ses femmes, qui entourent le jeune duc d'York.

SCÈNE I.

ÉLISABETH, LE DUC D'YORK, LUCI, EMMA, FANNY.

ÉLISABETH, au duc d'York, *sans lever les yeux.*

Regarderai-je?

LE DUC D'YORK, *dont on achève la toilette.*

Oh! non.

ÉLISABETH.

Enfant!

LE DUC D'YORK.

Non, pas encor'.

(à Luci.)

Bonne mère, attendez. — Donne le collier d'or.

LUCI.

Plus tard.

LE DUC D'YORK, courant vers une table.

Tiens! je le prends.

LUCI.

Reine, veuillez, de grâce,
Forcer le duc d'York à demeurer en place.
Il est comme un oiseau.

LE DUC D'YORK.

Qu'au piége on aurait pris :
Je ne fais pas un bond sans qu'on pousse des cris.
Allons, vieille Luci, viens, cours!

LUCI, à la reine.

Il me désole.

LE DUC D'YORK, courant autour de la table.

Rattrape en chancelant ton oiseau qui s'envole.

LUCI.

Essayer un habit pour le couronnement,

(s'élançant pour le saisir.)

C'est grave... — On vous tient!

LE DUC D'YORK, s'échappant.

Bon!...

ÉLISABETH.

Très grave, assurément.

LUCI.

Lord Glocester, votre oncle, aujourd'hui vient vous prendre
Pour recevoir le roi.

ÉLISABETH.

       Vous le ferez attendre.

             (le regardant de côté.)

Richard, je vais gronder.—Cher trésor, qu'il est bien!

LUCI, au duc d'York.

Votre frère est un ange, et vous ne valez rien.

LE DUC D'YORK.

Voyez-vous l'hypocrite! il est roi d'Angleterre,
Et je ne le suis pas; voilà tout le mystère.

LUCI.

Dans le pays de Galle, où chacun l'admirait,
Le jour de son départ il a fait un beau trait.

LE DUC D'YORK, se rapprochant.

Lequel?

LUCI.

    On nous l'écrit.

LE DUC D'YORK.

           Lequel? je veux l'apprendre:
L'éloge d'Édouard, j'aime tant à l'entendre!

LUCI, le saisissant.

On vous tient, déserteur!

LE DUC D'YORK.

           C'est une trahison;

Mais je me vengerai.

ÉLISABETH.

Demande-lui raison.

(à Luci.)

Abuser de l'amour qu'il montre pour son frère,
Ah! fi! c'est mal.

LUCI.

Amour que je ne comprends guère;
Ils sont si différens : l'un gai, bouillant, fougueux;
L'autre grave et sensible.

ÉLISABETH.

Aimables tous les deux.

LE DUC D'YORK, à Luci.

Si tu pouvais finir! pour cette jarretière
Faut-il donc à genoux rester une heure entière?

LUCI.

Encor faut-il le temps. Je suis vieille, et mes doigts
N'ont plus l'agilité qu'ils avaient autrefois,
Mon cher petit Richard.

LE DUC D'YORK.

Petit! quelle injustice!
On est jusqu'à vingt ans petit pour sa nourrice.

LUCI.

Un moment, et j'achève.

LE DUC D'YORK, avec impatience.

Est-ce fait?

ACTE I, SCÈNE I.

LUCI.

Liberté!

Beau captif.

LE DUC D'YORK, se plaçant devant la reine.

Regardez.

ÉLISABETH.

Charmant, en vérité!

EMMA.

On n'est pas plus joli.

ÉLISABETH.

Venez, vous qu'on adore,
Qu'on vous baise cent fois, et puis cent fois encore!
Sous l'appareil du sacre et l'auguste bandeau,
Luci, crois-tu toujours qu'Édouard soit plus beau?
Vous charmerez tous deux ce peuple qui vous aime.

(à Luci.)

Levez vos grands yeux noirs!—C'est son père lui-même.

LUCI, appuyée sur le dos du fauteuil de la reine.

Il a de son regard.

ÉLISABETH.

Mais beaucoup; mais, Luci,
C'est sa vivante image : il souriait ainsi;
Cette grace, il l'avait, quand sa main souveraine
Releva lady Gray pour en faire une reine.

LE DUC D'YORK.

Lady Gray, c'était vous.

ÉLISABETH.

Qui, pauvre et sans appui,
Redemandais mes biens en pleurant devant lui.
Dieu! comme je tremblais! Luci se le rappelle.

(à Luci.)

Il fut bien généreux;—mais moi, j'étais bien belle;
N'est-ce pas?

LE DUC D'YORK.

Je le crois; belle comme à présent.

ÉLISABETH, qui l'embrasse.

Je vous punis, flatteur!

LUCI.

Sans doute, en le baisant.
Voilà vos châtimens: caresses sur caresses;
Et votre fils aîné n'a rien de vos tendresses.

LE DUC D'YORK, à la reine.

Je lui rendrai sa part en l'embrassant pour vous.

ÉLISABETH.

Savez-vous qu'à Radnor il souffrait loin de nous?

LUCI.

Quoi! toujours?

ÉLISABETH.

Pauvre fleur, le chagrin l'a fanée.
Que de pleurs nous coûta cette triste journée,
Où le noble Édouard de ses bras défaillans,
De ses yeux affaiblis, vous cherchait, mes enfans,

ACTE I, SCÈNE I.

Rapprochait, unissait vos deux têtes charmantes
Sous les derniers baisers de ses lèvres mourantes!
Aimez-vous, a-t-il dit, et, regardant les cieux,
Pour ne les plus rouvrir, il a fermé les yeux.

LE DUC D'YORK, d'une voix altérée.

Un beau soir, à Windsor nous irons, ô ma mère,
Lui demandant tous trois la santé de mon frère,
Déposer sur le marbre, où souvent nous pleurons,
Deux couronnes de fleurs que nous enlacerons;
Et puis vous lui direz : A ton désir fidèles,
Tes fils jusqu'au tombeau seront unis comme elles.
Le voulez-vous?

ÉLISABETH, essuyant les yeux du duc d'York.

Demain.

LE DUC D'YORK.

Dès qu'il nous reverra,
Au bonheur, à la vie Édouard renaîtra.
De lui donner des soins qu'on me laisse le maître,
Mon remède est si bon!

ÉLISABETH.

Pourrait-on le connaître?

LUCI.

C'est le jeu.

LE DUC D'YORK.

Trouve mieux pour guérir ses douleurs.

ÉLISABETH, à part.

Comme, chez les enfans, le rire est près des pleurs!

LE DUC D'YORK.

Lord Rivers avec lui reviendra-t-il à Londre?

ÉLISABETH.

Sans doute.

LUCI

Noble cœur, et dont je puis répondre!
Parent loyal et sûr; ami vrai, celui-là;
Votre oncle maternel.

ÉLISABETH.

Qu'entendez-vous par là?

LUCI.

Rien : je dis seulement que c'est leur second père,
Et qu'ils n'en ont pas d'autre.

LE DUC D'YORK.

Il est parfois sévère;
Mon oncle Glocester est bien plus indulgent,
Et je l'aime bien moins.

ÉLISABETH.

Parlez mieux du régent.
Quoi qu'en dise Luci, dont le discours me blesse,
Vous pouvez, chers enfans, compter sur sa tendresse.
Il a de votre père et le zèle et les soins;
Il lui ressemble en tout.

LE DUC D'YORK.

        Pas de figure au moins.

ÉLISABETH.

Richard, vous me fâchez.

LE DUC D'YORK.

            Eh bien ! je me ravise,
Et dirai, si l'on veut, que sa taille est bien prise.

ÉLISABETH.

Quand vous aurez son âge, ayez sa dignité;
Vous serez bien, milord.

LE DUC D'YORK.

           Oui, très bien d'un côté;

(montrant son épaule.)

Mais de l'autre!

ÉLISABETH, sévèrement.

Richard !

LUCI.

        Que milady pardonne.

ÉLISABETH, au duc d'York.

C'est un méchant esprit que celui qu'on vous donne.
Vous m'entendez, Luci !

LUCI.

      Mais, madame...

ÉLISABETH.

                En effet,
Le régent est coupable; et de quoi ? Qu'a-t-il fait ?

Depuis qu'à sa tutelle on remit leur enfance,
A-t-il un seul instant trompé ma confiance?

LUCI.

Non, jusqu'à présent; mais...

ÉLISABETH.

Mais il vous est suspect,
C'est fâcheux; cependant il a droit au respect,
Au vôtre, au sien surtout.

(au duc d'York.)

Les vertus, le courage,
Valent mieux que la grace et qu'un joli visage.
Il est mal, et très mal, de prendre un ton moqueur;
Je ne vous aime plus : vous avez mauvais cœur.

LUCI.

Le voilà tout confus.

LE DUC D'YORK.

Pardon!

ÉLISABETH.

Je suis trop bonne.

LUCI.

Paix! quelqu'un vient: c'est lui.

ÉLISABETH.

Le régent?

LE DUC D'YORK.

En personne.

(imitant la démarche de son oncle.)

Le reconnaissez-vous?

ÉLISABETH, au duc d'York.

Je vois qu'il faut sévir.

(bas à Luci.)

Vous m'y forcez; c'est bien. — Il l'imite à ravir.

FANNY.

Sortirons-nous?

ÉLISABETH.

Pourquoi? Reprenez votre ouvrage.

SCÈNE II.

Les mêmes, GLOCESTER.

(Les femmes de la reine vont s'asseoir près des métiers à tapisserie. Le duc d'York est devant Luci, qui dévide un écheveau de soie sur ses bras.)

ÉLISABETH, à Glocester.

Vous avez de mon fils reçu quelque message;
Milord, il vous écrit? Pour moi, j'en fais l'aveu,
Ainsi que lord Rivers, il me néglige un peu :
Me laisser deux longs jours sans lettres, sans nouvelles,
C'est comprendre bien mal mes craintes maternelles.

GLOCESTER.

Oui, voilà les enfans : pour nous ils ne font rien,
Et les ingrats sont sûrs qu'on les recevra bien.

LE DUC D'YORK, d'un air boudeur, à Luci qui lui fait signe
de se taire.

Les ingrats !

ÉLISABETH, à Glocester.

Votre grace en dit plus que moi-même.
Eh ! n'est-ce pas pour eux, pour eux seuls qu'on les aime ?
Pauvre ange ! qu'il m'oublie et qu'il ne souffre pas ;
Il n'aura point de tort.

GLOCESTER.

Il vient ; et sur ses pas
Semant tous les chemins de fleurs, de verts feuillages,
Nos Anglais, m'écrit-on, l'environnent d'hommages.
C'est porté dans leurs bras qu'il arrive aujourd'hui :
Sa marche est un triomphe, et jamais, avant lui,
Le noble sang d'York, jamais la rose blanche,
N'ont ému tant de cœurs d'une joie aussi franche.

ÉLISABETH.

Vous m'enchantez, milord.

GLOCESTER.

Moi, son humble sujet,
Heureux de ces transports dont je chéris l'objet,
J'arrive ; et des douleurs je trouve ici l'image :
Tant d'attraits sont voilés des ombres du veuvage.
Que ce front, pour un jour affranchi de son deuil,
Rayonne, heureuse mère, et d'ivresse et d'orgueil.

ÉLISABETH.

Hélas! ne dois-je rien à qui m'a couronnée?
Je suis heureuse mère et femme infortunée;
Et cet autre Édouard qui va m'être rendu
Rappelle à mes regrets celui que j'ai perdu.

LE DUC D'YORK, à la plus jeune femme de la reine qui joue avec lui.

Tu m'oses défier : eh bien! voilà mon gage!

(Il l'embrasse.)

Rends-le moi si tu veux.

LUCI, le suivant.

Milord, soyez donc sage!
Ces fils de soie et d'or vont tomber de vos bras :
Bien : les voilà mêlés.

LE DUC D'YORK.

Tu les démêleras.

LUCI, lui montrant l'écheveau qu'elle a ramassé.

Des nœuds?

LE DUC D'YORK.

En les coupant.

GLOCESTER, à la reine en souriant.

C'est un autre Alexandre.

ÉLISABETH.

Quand on ne le voit pas, on est sûr de l'entendre.

GLOCESTER, au duc d'York.

A la bonne heure au moins! beau neveu, les rubis,
L'or et les diamans brillent sur vos habits.

LE DUC D'YORK.

Je vous fais grace encor du grand manteau d'hermine.
Au sacre je l'aurai.

GLOCESTER.

C'est vrai : plus j'examine,
Et plus je reconnais le vêtement pompeux
Qui doit à Westminster parer mes chers neveux.

LE DUC D'YORK.

Est-ce demain?

GLOCESTER.

Bientôt.

LE DUC D'YORK.

Non, fixez la journée.
Bientôt, c'est quand on veut, c'est un mois, une année.

GLOCESTER.

Un siècle.

LE DUC D'YORK.

En attendant, milord, on peut mourir.

ÉLISABETH, vivement.

Le ciel nous en préserve!

GLOCESTER, au duc d'York.

Attendre, c'est souffrir,
N'est-ce pas?

LE DUC D'YORK.

Eh bien, quand?

GLOCESTER.

De ses vœux l'enfant presse
Ce temps, dont l'âge mûr accuse la vitesse.

LE DUC D'YORK.

Enfin, quand donc?

GLOCESTER.

Bientôt.

ÉLISABETH.

Milord, asseyons-nous.

LE DUC D'YORK.

Ma mère à son travail, et moi sur vos genoux.

ÉLISABETH.

Vous abusez, Richard!

GLOCESTER, au duc d'York qui veut descendre.

Restez!

LE DUC D'YORK.

Oh! non, j'abuse.

ÉLISABETH.

Ne faites pas le fier, on vous souffre.

GLOCESTER, à la reine.

Il m'amuse.

ÉLISABETH, à Glocester.

Le roi vous marque-t-il l'heure de son retour?

GLOCESTER.

Mais nous devons ce soir l'embrasser à la Tour.

LE DUC D'YORK.

A la Tour! et pourquoi?

GLOCESTER.

Je m'en vais vous le dire :
Si mon neveu lisait tout ce qu'il devrait lire,
Instruit d'un vieil usage, il saurait que toujours
Les rois avant leur sacre y passent quelques jours.

LE DUC D'YORK.

Mais c'est une prison.

GLOCESTER.

Qui n'attriste personne,
Quand on en doit sortir pour ceindre une couronne.

LE DUC D'YORK.

Mon frère, en la quittant, va donc gouverner?

GLOCESTER.

Non.

ÉLISABETH.

Tant qu'on n'est pas majeur, on n'est roi que de nom.

LE DUC D'YORK.

J'en voudrais le pouvoir, si j'en avais le titre.

GLOCESTER.

A treize ans, de l'État milord serait l'arbitre?

LE DUC D'YORK.

Oui, milord.

GLOCESTER.

Des enfans qui courent sur le port,

ACTE I, SCÈNE II.

Nous ferions pour la guerre une armée à milord.

LE DUC D'YORK.

Il n'en est pas besoin : milord pourrait, j'espère,
Compter sur les soldats commandés par son père.

GLOCESTER.

Ils sont vieux pour milord.

LE DUC D'YORK.

Milord se ferait vieux.

GLOCESTER.

Et comment, s'il vous plaît?

LE DUC D'YORK.

En combattant comme eux.

GLOCESTER.

Voilà des sentimens dignes d'un diadème!

LE DUC D'YORK.

Mais celui qui le tient le défendra lui-même.

LUCI, à part.

Bien dit!

ÉLISABETH.

Et de son front qui voudrait l'enlever?
Lord Glocester est là pour le lui conserver.

GLOCESTER.

Que vous me jugez bien! Au péril de ma vie,
Vous le prouver, ma sœur, est un sort que j'envie.

LE DUC D'YORK.

Votre beau cheval blanc, que souvent j'admirai,

Vous me l'avez promis; donnez : je vous croirai.
ÉLISABETH.
Vous demandez toujours.
GLOCESTER, au duc d'York.
Il est à votre grace,
Mais saurez-vous au moins le conduire à ma place?
LE DUC D'YORK.
Tout jeune que je suis, mieux qu'un autre à vingt ans.
GLOCESTER.
Mauvaise herbe est précoce et croît avant le temps.
Le proverbe dit vrai.
LE DUC D'YORK.
Voilà pourquoi, je gage,
A quelqu'un que je sais l'esprit vint avant l'âge.
ÉLISABETH, à Glocester.
Parlons du roi, milord.
GLOCESTER, au duc d'York.
A qui donc?
LE DUC D'YORK.
A quelqu'un.
GLOCESTER.
Mais enfin?...
ÉLISABETH.
Certain duc va se rendre importun,
Et je le renverrai.

GLOCESTER.

Non pas : laissez-le dire ;
Sa malice m'enchante et me fait beaucoup rire.

ÉLISABETH.

Vous le rendez, milord, trop libre en le gâtant.

(bas.)

Il est un peu malin ; mais il vous aime tant !

GLOCESTER.

Et moi donc !... Cher enfant ! il faut que je l'embrasse.
Si jamais celui-là ment à sa noble race !...

ÉLISABETH.

Et son frère !

GLOCESTER.

Son frère est aussi mon espoir.
Qu'ils prospèrent tous deux, et que je puisse voir
Ces rejetons chéris d'une tige si belle,
Ces deux roses d'York, fleurir sous ma tutelle !

ÉLISABETH.

Eh bien ! protégez-les ; qu'ils vous soient toujours chers,
Eux, comme tous les miens : la main de lord Rivers
Sur le lit d'Édouard serra deux fois la vôtre ;
En veillant sur mes fils, aimez-vous l'un et l'autre !

(Ici on entend quelque rumeur sous les fenêtres.)

UN CRIEUR PUBLIC, en dehors.

« Jugement et condamnation de lord Hastings,

« pair du royaume, atteint et convaincu du crime
« de haute trahison. »

LE DUC D'YORK.

Hastings!... Grâce, mon oncle!

ÉLISABETH.

Il aimait cet enfant.

GLOCESTER.

Le lâche avait trahi celle qui le défend.
Forcé de le punir, j'eus peine à m'y résoudre;
Mais je vous aimais trop, milady, pour l'absoudre.

LE CRIEUR PUBLIC.

« Arrestation de lord Rivers, conduit de North-
« ampton à la forteresse de Pomfret, par ordre du
« duc de Glocester, régent du royaume. »

ÉLISABETH.

Qu'entends-je?

LE DUC D'YORK.

Lord Rivers!

GLOCESTER, en riant.

Oh! lui, c'est différent.

ÉLISABETH.

Qu'a-t-il fait?

GLOCESTER, de même.

Rien.

ÉLISABETH.

Encore?...

ACTE I, SCÈNE II.

GLOCESTER.

Il est votre parent;
Voilà son crime.

ÉLISABETH.

Eh quoi! vous faisait-il ombrage?

GLOCESTER.

A moi? lui?... Sans témoins, j'en dirai davantage.
En l'embrassant, bientôt vous me remercîrez;
Il le fera lui-même.

LE DUC D'YORK.

Ah! vous me rassurez.

ÉLISABETH.

(à son fils.) (à ses femmes.)

Va jouer. Laissez-nous.

LE DUC D'YORK, à Glocester.

Tenez votre promesse,
Et vous rirez de moi si je manque d'adresse.

GLOCESTER.

Le petit écuyer pourra tomber de haut.

LE DUC D'YORK.

Petit! et vous aussi, vous raillez ce défaut!
Allez, d'autres que moi pècheraient par la taille,
Si l'on mesurait l'homme au cheval de bataille.

GLOCESTER.

Vraiment!

LE DUC D'YORK.

Adieu, bel oncle!

GLOCESTER.

A revoir, bon neveu!

(à part.)

Quand ils ont tant d'esprit, les enfans vivent peu.

SCÈNE III.

ÉLISABETH, GLOCESTER.

ÉLISABETH.

Parlez : de lord Rivers avez-vous à vous plaindre?
De quoi l'accuse-t-on? pour lui que dois-je craindre?

GLOCESTER.

(se penchant sur le métier de la reine.)

Mais rien; croyez-moi donc. — Quel travail délicat!
Cet ouvrage de femme est d'un goût, d'un éclat!

ÉLISABETH.

Il est vrai; je suis femme, et comprends vos paroles :
Je dois me renfermer dans ces travaux frivoles.

GLOCESTER.

Vous ai-je dit cela?

ÉLISABETH.

Je me le dis pour vous.
Mon Dieu! de ses secrets que l'État soit jaloux;

J'y consens : gardez-les; restez-en seul le maître;
Je les ai trop connus pour vouloir les connaître.
Mais je suis sœur, milord; je suis mère, et je crains.
Est-ce un tort? que l'excuse en soit dans mes chagrins.
Le malheur rend timide ; à force de souffrance,
J'ai contre l'avenir perdu toute assurance.
Quittez ce ton léger que dément votre cœur,
Milord, et parlez-moi comme un frère à sa sœur.

GLOCESTER.

Eh bien! à votre gré gouvernez votre esclave,
Et parlons gravement de ce qui n'est pas grave :
Lord Rivers arrêté! quel forfait est le sien?
Que lui reproche-t-on?... Rien, absolument rien.
Mais à notre Édouard plus je le crois utile,
Moins je vois ses dangers avec un œil tranquille.

ÉLISABETH.

Quels dangers?

GLOCESTER.

    Vous savez que vos augustes nœuds
Ont dans ses intérêts, dans son orgueil haineux,
Ulcéré jusqu'au cœur cette vieille noblesse,
Que rien ne satisfait et qui d'un rien se blesse.
Quand on vit vos parens des emplois revêtus,
On chercha leurs aïeux; je comptais leurs vertus;
Rivers, qu'avaient poussé mes amis et les vôtres,
Vint sur les bancs des pairs s'asseoir parmi nous autres,

Dont les noms se perdaient dans la nuit du passé;
Le mot de parvenu fut alors prononcé :
Mot banal, et des cours injure favorite
Lorsqu'auprès des grands noms s'élève un grand mérite.
Sa fortune croissant avec ses ennemis,
L'héritier du royaume à ses soins fut remis.
On murmura plus haut; mais on craignit les armes
Que vous teniez du roi subjugué par vos charmes.

ÉLISABETH.

Milord !...

GLOCESTER.

Qui n'eût fléchi sous un tel ascendant ?
J'y cède comme lui, reine, en vous regardant.
Mais enfin ce dépit, que retenait la crainte,
Depuis votre veuvage éclate sans contrainte.
« Votre frère, dit-on, maître du jeune roi, »
C'est ce parti haineux qui parle et non pas moi,
« Gouverne son esprit ainsi que sa personne,
« Et mettrait volontiers les mains sur sa couronne. »

ÉLISABETH.

Qui, lui? mon noble frère !...

GLOCESTER.

Eh non, mille fois non :
Ce sont vos deux enfans qu'on poursuit sous son nom;
On voulait, prévenant le sacre qui s'apprête,
Pour aller jusqu'au roi faire tomber sa tête.

ÉLISABETH.

Mais c'est affreux, milord!

GLOCESTER.

Sans doute, c'est affreux;
Et de tous ces complots l'artisan ténébreux,
Quel est-il? Lord Hastings.

ÉLISABETH.

J'en frémis : à l'entendre,
Il avait pour mes fils un dévoûment si tendre!
A qui donc se fier?

GLOCESTER.

A moi, qui l'ai puni.
Gardez-vous cependant de croire tout fini;
Leur parti n'est pas mort avec ce chef habile.
Il fallait à Rivers assurer un asile;
Il fallait plus encor, que le bruit des verroux
Par un acte apparent satisfît leur courroux.
Voilà le double but où je voulais atteindre;
Et, le complot détruit, tout calmé, pourquoi feindre?
Rendant pleine justice à Rivers méconnu,
Je l'embrasse, et lui dis : Soyez le bien-venu.
De tout ce que j'ai fait tel est l'aveu sincère :
Eh bien! ai-je à ma sœur répondu comme un frère?

ÉLISABETH.

Sous cet amas d'horreurs mon cœur reste abattu;
Peut-on se faire un jeu de noircir la vertu!

GLOCESTER.

Eh! que diriez-vous donc, si dans leur folle haine
Ils osaient insulter jusqu'à leur souveraine?

ÉLISABETH.

Moi?

GLOCESTER.

Vous : de votre hymen la légitimité
Par de sourdes rumeurs est un point contesté ;
Et, comme leur fureur ne peut être assouvie
Qu'en frappant mes neveux dans leurs droits ou leur vie,
Ils vont plus loin.

ÉLISABETH.

Comment?

GLOCESTER.

Et cette indignité
Réussit en raison de son absurdité!
Plus une calomnie est difficile à croire,
Plus pour la retenir les sots ont de mémoire.

ÉLISABETH.

De grace, expliquez-vous.

GLOCESTER.

Je comprends ces discours,
Quand une Jeanne Shore est du mépris des cours
Retombée à sa place, et meurt en criminelle,
Dans la fange, où déjà son nom traîne avant elle;
Fussent-ils ses enfans, issus du sang des rois,

Le dernier des Anglais peut contester leurs droits.
Ils étaient nés flétris, ces fruits de l'adultère;
Mais vos fils!...

ÉLISABETH.

Ose-t-on déshonorer leur mère?
Répondez-moi, milord : l'ose-t-on?

GLOCESTER.

Bruits menteurs,
Dont je voudrais connaître et punir les auteurs.

ÉLISABETH.

On l'ose!

GLOCESTER.

Ah! milady, que du faîte où nous sommes
Le spectacle qu'on a vous dégoûte des hommes!

ÉLISABETH.

Mon frère, moi, mes fils, tout frapper à la fois!
Je reste de surprise immobile et sans voix.

GLOCESTER.

Enfin dans leur démence ils vont jusqu'à prétendre
Que d'un remords secret ne pouvant vous défendre,
Tout entière à vos fils, vous les aimez assez
Pour vous sacrifier à leurs jours menacés;
Et... puis-je d'un tel bruit me rendre l'interprète?
Signer l'aveu public des erreurs qu'on vous prête...

ÉLISABETH.

Le signer!

GLOCESTER.

Par tendresse : en préférant pour eux
Une vie assurée à des droits dangereux.

ÉLISABETH.

Le signer ! qu'à ce point la terreur m'avilisse !
Que de mon lâche cœur cette main soit complice,
Pour flétrir mes enfans, pour les déshériter,
Pour abdiquer ces droits qu'on leur vient disputer ;
Droits augustes, milord, certains, incontestables,
Et dont j'écraserai tous ces bruits misérables !
Le signer ! je suis faible, et cependant j'irais,
Reine et mère à la fois, dans mes yeux, sur mes traits,
Portant le démenti d'une telle infamie,
Aborder le front haut cette ligue ennemie !
J'irais, je traînerais mes deux fils sur mes pas ;
Je prendrais d'Édouard l'héritier dans mes bras ;
Oui, j'en aurais la force, et courant leur répondre,
Au peuple rassemblé dans les places de Londre,
Je dirais, je crîrais... Que sais-je ? Ah ! si les mots
Me manquent, au besoin, mes regards, mes sanglots
Répandront au dehors ma douleur maternelle ;
Si ma voix me trahit, mes pleurs crîront pour elle :
« Peuple, sauve ton roi ! c'est Édouard, c'est lui ;
« Édouard orphelin qui te demande appui.
« Abandonné de tous, c'est en toi qu'il espère :
« Adopte mes enfans qu'on prive de leur père. »

Mes enfans! mes enfans!... Ah! qu'ils viennent vos lords;
Qu'ils m'insultent en face; ils me verront alors,
Entre mes deux enfans, faire tête à l'outrage.
La lionne qu'on blesse aurait moins de courage,
Moins de fureur que moi, si jamais je défends
Les jours, les droits sacrés, l'honneur de mes enfans.

GLOCESTER.

Vertu, que c'est bien là ton sublime langage!
Mais croyez qu'avant vous, si la lutte s'engage,
J'irai leur faire affront de leurs propres noirceurs,
Reine, et vous m'oubliez parmi vos défenseurs.

ÉLISABETH.

Vous, jamais! Après Dieu, soyez ma providence.
De vos soins pour Rivers j'admire la prudence;
Je vous en remercie. Ah! qu'un plus noble effort

(à William, qui rentre.)

Couronnant vos projets... — Que nous veut-on?

SCÈNE IV.

Les mêmes, WILLIAM.

WILLIAM.

Milord,
Le duc de Buckingham est porteur d'un message;
Peut-il voir votre grâce?

GLOCESTER.

Encor ! quel esclavage !

(faisant un pas pour sortir.)

Pardon, je vais l'entendre.

ÉLISABETH, l'arrêtant.

Ici, milord, ici.

(à William, qui sort.)   (à Glocester.)

Qu'il vienne. Excusez-moi de vous quitter ainsi :
Impuissante à cacher la douleur qui m'oppresse,
J'ai besoin d'y céder pour m'en rendre maîtresse.
Calme devant mon fils, qui doit tout ignorer,
Je voudrais, s'il se peut, l'embrasser sans pleurer.
Je vous attends, milord.

SCÈNE V.

GLOCESTER, la regardant sortir.

Sous le deuil que de charmes !
J'aime une reine en deuil. Mon Dieu, les belles larmes !
Qu'elles jaillissent bien d'un cœur au désespoir !
On les ferait couler seulement pour les voir.

SCÈNE VI.

GLOCESTER, BUCKINGHAM.

BUCKINGHAM.

Salut au protecteur !

GLOCESTER.

C'est donc fait ?

BUCKINGHAM.

Et mon zèle
N'a pas permis qu'un autre apportât la nouvelle.
Au palais, d'où je viens, je n'ai pas attendu :
Vous étiez chez la reine, et je m'y suis rendu.

GLOCESTER.

Gloire à toi, Buckingham! tu me combles de joie;
Cousin, pour réussir, il suffit qu'on t'emploie.
On t'a bien accueilli ?

BUCKINGHAM.

Mieux que je ne pensais.
Tout ce qui n'est pas nous me dégoûte à l'excès.
Mon horreur pour le peuple est chose assez notoire;
Et vous voyez d'ici mon illustre auditoire :
Le lord-maire d'abord, enflé d'un tel orgueil
Qu'à peine s'il tenait dans son large fauteuil ;
Des graves aldermen la majesté robuste,
Et ce que la cité contient de plus auguste

En figures de banque, avec leur front plissé,
Où l'on voit que la veille un total a passé ;
Leur bouche, où vient errer, dans sa béatitude,
Ce sourire engageant dont ils ont l'habitude.
Aussi, j'ai laissé là l'urbanité des cours.
Une odeur de comptoir parfumait mon discours.
Le sentiment banal qui boursouflait mes phrases
Jetait ces braves gens dans de telles extases,
Qu'en douleur de boutique on n'a jamais vu mieux
Que les gros pleurs bourgeois qui tombaient de leurs yeux.
Enfin je me suis fait plus marchand, plus vulgaire
Que tous les aldermen, la cité, le lord-maire,
Et j'ai tant descendu dans le cours des débats,
Qu'il fallait bien, milord, nous rencontrer en bas ;
Tout le monde était peuple. Ils ont signé ce titre
Qui vous rend de l'État le souverain arbitre ;
Vous êtes protecteur du royaume et du roi.
Ils ont crié pour vous ; ils ont crié pour moi ;
Je ne sais plus pour qui leur poitrine s'exerce :
Mais je suis confondu des poumons du commerce.

GLOCESTER.

Ce pas peut mener loin.

BUCKINGHAM.

De ce que j'entrepris
Le comté d'Hereford devait être le prix.
Milord s'en souvient-il ?

ACTE I, SCÈNE VI.

GLOCESTER.

D'accord. Si ma puissance
Est quelque jour égale à ma reconnaissance,
Je ferai plus pour toi. Que dit-on de Rivers?

BUCKINGHAM.

Cet acte est le sujet de mille bruits divers :
Mais vous ne craignez pas du moins qu'on le délivre?

GLOCESTER, lui montrant l'appartement de la reine.

Sois prudent. Cette nuit il a cessé de vivre.

BUCKINGHAM.

Ainsi le commandaient vos ordres absolus.

GLOCESTER.

Dors en paix, bon Rivers; nous ne t'en voulons plus;
N'est-ce pas, Buckingham?

BUCKINGHAM.

Pour lui j'étais sans haine.
Gentillâtre adoré sur son petit domaine,
Que ne se livrait-il au bonheur campagnard
D'essouffler ses limiers, de traquer un renard,
De trancher du seigneur dans sa fauconnerie,
Sans faire avec son nom tache sur la pairie?
Je respecte sa sœur; elle est mère du roi,
Et ce titre toujours sera sacré pour moi;
Mais ces Gray, ces Rivers, son éternel cortége
De parens, de cousins, petits-cousins... que sais-je?
Je ne suis pas forcé d'honorer tout cela;

La cour est une auberge où passent ces gens-là :
Fussent-ils de l'hermine affublés au passage,
Ils viennent, on s'en moque; ils partent, bon voyage!
L'infortune d'Hastings doit seule m'affliger;
C'était, quoi qu'il eût fait, du sang à ménager,
Du sang comme le nôtre.

GLOCESTER.

Il avait des scrupules
Dont sa fin guérira quelques esprits crédules.
Le jour où, quand je marche, on me laisse en chemin,
Ce jour pour mon ami n'a pas de lendemain.
Quant à l'autre, en tout temps il fut mon adversaire;
L'ordre de l'arrêter devenant nécessaire,
Je l'ai rendu public, on l'a crié partout :
Le peuple doit savoir, cousin, que j'ose tout.
Mais sa mort, cachons-la; lady Gray, que j'emmène,
Ferait en l'apprenant de la vertu romaine,
Voudrait garder ses fils, et, pour répondre d'eux,
Il est bon qu'à la Tour je les tienne tous deux.
Alors...

BUCKINGHAM.

Que ferez-vous?

GLOCESTER.

Ami, l'homme propose...
Tu sais le vieil adage?

BUCKINGHAM.

Enfin?

GLOCESTER.

Et Dieu dispose.
Mais dans ce long discours, où tu t'es surpassé,
Du bruit qui se répand tu n'as donc rien glissé?

BUCKINGHAM.

Quel bruit?

GLOCESTER.

Sur les enfans, sur leurs droits, leur naissance.

BUCKINGHAM.

A quoi bon démentir un bruit sans consistance?

GLOCESTER.

On le répète au moins, puisqu'elle a tout appris.

BUCKINGHAM.

La reine?

GLOCESTER.

Lady Gray; d'abord c'étaient des cris;
Et puis, par un retour qui m'étonna moi-même,
Ce fut, pour s'excuser, un embarras extrême,
Oui, là, comme un remords, enfin je ne sais quoi
De quelqu'un qui se trouble et n'est pas sûr de soi.

BUCKINGHAM.

De sa confusion n'abusez pas contre elle :
La reine est des vertus le plus parfait modèle.

GLOCESTER.

Je puis avoir mal vu ; mais toi qui vois si bien,
Tu crois que le conseil ne t'a déguisé rien?

BUCKINGHAM.

Ils portent, ces bourgeois, leur cœur sur leur visage.

GLOCESTER.

Ils m'ont fait protecteur : s'ils voulaient davantage?...

BUCKINGHAM.

Quoi donc?

GLOCESTER.

M'avoir...

BUCKINGHAM.

Parlez.

GLOCESTER.

Tu dois m'entendre.

BUCKINGHAM.

Non.

GLOCESTER.

Toujours pour protecteur, mais sous un autre nom.

BUCKINGHAM.

Celui de roi?

GLOCESTER.

Je crains qu'ils n'en aient la pensée.

BUCKINGHAM.

Ils ne l'ont pas.

GLOCESTER.

Alors j'aurais la main forcée.

BUCKINGHAM.

Erreur!

GLOCESTER.

Si le conseil abuse de ses droits,
Que faire, Buckingham?

BUCKINGHAM.

Refuser.

GLOCESTER.

Ah! tu crois?

BUCKINGHAM.

Oui, refuser, milord.

GLOCESTER.

Parle plus bas.

BUCKINGHAM.

De grace!
Quand vous accepteriez, comment vous faire place?
Sur les fils d'Édouard un faux bruit débité
Ne saurait prévaloir contre la vérité.
Il faudra donc s'armer d'un bien triste courage,
Et frapper des deux mains pour s'ouvrir un passage.
J'accepte! ce seul mot renferme leur trépas;
Et ce mot plein de sang, vous ne le direz pas.

GLOCESTER.

Tu fus moins scrupuleux dans plus d'une entreprise.

BUCKINGHAM.

J'en conviens; que m'importe à moi qui les méprise,
Si tous ces noms chétifs, si ces races d'un jour,
Qu'un rayon du pouvoir fait éclore à la cour,
Rentrent dans le néant, quand le soleil se couche,
Sous le bras qui les fauche ou le pied qui les touche?
Se baisse qui voudra pour en prendre souci;
Mais quant au sang royal, il n'en est pas ainsi :
Ses droits sont les garans des droits de la noblesse;
Les deux princes, c'est nous : qui les touche nous blesse.
Le peuple, sans raison, deviendra leur soutien.
Je sais que tout ceci ne le regarde en rien :
Pour avoir un avis il n'est baron ni comte;
Mais c'est un spectateur dont il faut tenir compte.
Acteur, il est terrible; et que d'orgueils jaloux
Irriteront sa rage en le lâchant sur vous!
Il vous faudra braver, appuyé d'un vain titre,
Et l'église et l'armée, et le casque et la mitre;
Et pour vous harceler, sans être jamais las,
On peut s'en rapporter à l'esprit des prélats.
Vos plus proches cousins, si vous n'y prenez garde,
Pourront à l'échafaud vous servir d'avant-garde :
Quand les glaives bénis sont sortis du fourreau,
De droit, tous les vaincus reviennent au bourreau.
Étouffez les conseils du démon qui vous pousse;
Édouard sera faible; eh bien! roi sans secousse,

ACTE 1, SCÈNE VI.

Prenez-lui son pouvoir et laissez-lui ses jours :
En régnant sous son nom, vous règnerez toujours.
Mais le trône tient mal et tremble par la base,
Quand il y faut monter sur deux corps qu'on écrase :
Le pied vous manquerait : ces degrés palpitans,
Pour qu'on n'y glisse pas, saigneront trop long-temps.

GLOCESTER.

La morale, cousin, n'est guère à ton usage ;
Mais je dois convenir que ton conseil est sage.
Je t'en sais bien bon gré.

BUCKINGHAM.

Je pourrai donc, milord,
Prendre possession du comté d'Hereford ?

GLOCESTER.

L'heure avance, je crois ?

BUCKINGHAM.

Mais...

GLOCESTER.

Le devoir m'appelle ;
Je vais chercher la reine et son fils avec elle.

BUCKINGHAM.

Mais vous m'avez promis...

GLOCESTER.

Ah ! c'est m'importuner :
Je ne suis pas, mon cher, en humeur de donner.
Tout en réfléchissant sur ta rare sagesse,

Je prétends réfléchir aussi sur ma promesse.

(Il entre chez la reine.)

SCÈNE VII.

BUCKINGHAM.

« Le jour où, quand je marche, on me laisse en chemin,
« Ce jour pour mon ami n'a pas de lendemain. »
Il l'a dit : me punir d'avoir été sincère,
Jamais ! moi, son parent !... Clarence était son frère.
Il me tûra. Pourquoi ? S'il est fort, je le suis.
Dans le parti du roi sait-on ce que je puis ?
Courons à sa rencontre... Un éclat ! c'est ma perte;
C'est avec le régent me mettre en guerre ouverte;
Et les coups que je porte, il faut les lui cacher :
Car un bon repentir pourrait nous rapprocher.
Sans m'engager trop loin, avertissons la reine;
Mais il est avec elle. Écrivons; lettre vaine !
Elle viendra trop tard. Mais s'il les tient tous deux,
Ils tombent l'un sur l'autre et je tombe après eux...
Dieu ! sauvez d'Édouard la race encor vivante !
Oui, Dieu : quand nos cheveux se dressent d'épouvante,

(apercevant Richard.)

Ce mot nous vient toujours.—O bonheur ! il m'entend :
Le duc d'York !

SCÈNE VIII.

BUCKINGHAM, LE DUC D'YORK.

BUCKINGHAM, au duc d'York qui traverse la scène.

Milord!...

LE DUC D'YORK.

Je n'ai pas un instant.

BUCKINGHAM.

De grace! écoutez-moi.

LE DUC D'YORK.

La reine me demande;
Et vous ne voulez pas, cher cousin, qu'elle attende.

BUCKINGHAM.

Prince, deux mots!

LE DUC D'YORK.

Pas un.

BUCKINGHAM.

Vous n'irez pas.

LE DUC D'YORK.

J'y cours.

BUCKINGHAM, se jetant au-devant de lui.

Arrêtez!

LE DUC D'YORK.

Avec moi vous qui jouez toujours,
Qu'avez-vous donc?

BUCKINGHAM.

Silence, au nom de votre vie!

LE DUC D'YORK.

Vous riez.

BUCKINGHAM.

Par le ciel, je n'en ai pas envie.

LE DUC D'YORK.

Moi, j'ai ri, j'ai chanté, j'ai sauté tout le jour :
Il arrive, Édouard; l'embrasser à la Tour,
Quel plaisir !

BUCKINGHAM.

Gardez-vous d'y suivre votre mère!

LE DUC D'YORK.

Je n'irais pas, milord, au-devant de mon frère !

BUCKINGHAM.

Non.

LE DUC D'YORK.

Je veux dans ses bras m'élancer le premier.

BUCKINGHAM.

C'est vous perdre.

LE DUC D'YORK.

Comment?

BUCKINGHAM.

Il faut vous défier...

LE DUC D'YORK.

De qui?

ACTE I, SCÈNE VIII.

BUCKINGHAM, à part.

Que dire?

LE DUC D'YORK.

Eh bien?

BUCKINGHAM.

Je voudrais voir la reine.

LE DUC D'YORK.

Venez donc.

BUCKINGHAM.

Sans témoin.

LE DUC D'YORK.

Vous aurez quelque peine :
Le régent est près d'elle.

BUCKINGHAM.

Il le faut.

LE DUC D'YORK.

Mais on part.

BUCKINGHAM.

Si je ne la vois pas, il meurt, votre Édouard.

LE DUC D'YORK.

Édouard!

BUCKINGHAM.

Pensez-y.

LE DUC D'YORK.

Mon frère!

BUCKINGHAM.

Le temps presse.

LE DUC D'YORK.

J'y rêve.

BUCKINGHAM.

Si du roi le sort vous intéresse,
N'allez pas à la Tour.

LE DUC D'YORK.

Non. Je vous le promets.

BUCKINGHAM.

C'est sûr?

LE DUC D'YORK.

Quand j'ai dit non, je ne cède jamais.

BUCKINGHAM.

Foi d'Anglais?

LE DUC D'YORK.

Foi de prince!

BUCKINGHAM.

On vient.

LE DUC D'YORK.

Laissez-moi faire.

BUCKINGHAM.

Mais comment aux regards pourrai-je me soustraire?

LE DUC D'YORK.

Suivez-moi vite.

ACTE I, SCÈNE IX.

BUCKINGHAM.

Où donc?

LE DUC D'YORK, soulevant une portière qui fait face à l'appartement de la reine.

Ici, milord, ici :
Hier, en m'y cachant, j'ai fait peur à Luci.

BUCKINGHAM.

Cher enfant, soyez ferme.

LE DUC D'YORK.

A peine je respire;
Mais je pense à mon frère, et son danger m'inspire.

(Il revient rapidement sur le devant de la scène, et, le coude appuyé sur le dos d'un fauteuil, il reste dans l'attitude de la réflexion.)

SCÈNE IX.

LE DUC D'YORK, ÉLISABETH, GLOCESTER, BUCKINGHAM (caché), UN OFFICIER DE LA TOUR.

GLOCESTER, à l'officier, qui sort.

Je vous suis au conseil.

ÉLISABETH, montrant le duc d'York.

Le front dans ses deux mains,
Il semble méditer sur le sort des humains.
On le cherche; il est là, rêveur et solitaire.
Richard!...

LE DUC D'YORK, avec gravité.

Je réfléchis.

ÉLISABETH.

Vraiment?

GLOCESTER.

Pauvre Angleterre!
Pour elle un tel travail sera sans résultat:
On a troublé sa grace.

ÉLISABETH.

Allons, homme d'État,
D'un rendez-vous qu'on prend pensez qu'on est esclave.
Au lieu de réfléchir sur quelque rien...

LE DUC D'YORK.

Très grave;
Sur cette question que je roule à part moi:
Est-il jamais permis de manquer à sa foi?

ÉLISABETH.

Est-ce une question? suivez-nous, tête folle!

GLOCESTER.

L'honneur fait un devoir de tenir sa parole;
J'ai la vôtre: partons.

LE DUC D'YORK.

Mais j'ai la vôtre aussi;
Vous la tiendrez, milord; ou bien je reste ici.

GLOCESTER.

Comment?

ACTE I, SCÈNE IX.

LE DUC D'YORK.

Sur mon coursier je veux traverser Londre;
Vous niez mon adresse, et je vais vous confondre.
Est-il en bas?

GLOCESTER.

Plus tard vous aurez ce bonheur.

LE DUC D'YORK.

De vos bontés trop tôt peut-on se faire honneur?

GLOCESTER.

Demain.

LE DUC D'YORK.

Dès à présent.

GLOCESTER.

Ce soir, je vous l'atteste.

LE DUC D'YORK.

S'il arrive, je pars; s'il ne vient pas, je reste.

ÉLISABETH.

(au duc d'York, en lui parlant à l'oreille.)

Il s'assied. — Allons donc! je vous le dis tout bas :
Mais je rougis pour vous; mais vous n'y pensez pas.
Vous viendrez, Richard.

LE DUC D'YORK.

Non.

GLOCESTER.

Résister à sa mère,
Ah! mon neveu, c'est mal.

LE DUC D'YORK.

La vôtre vous est chère,
Et je la vis deux fois vous quitter en pleurant :
C'était donc bien plus mal, car vous êtes plus grand !

ÉLISABETH, d'une voix altérée.

Vous m'affligez, mon fils.

LE DUC D'YORK, avec émotion en se levant.

Moi !

ÉLISABETH.

Beaucoup, je vous jure;
Mais beaucoup.

LE DUC D'YORK, s'élançant vers elle.

Ah ! ma mère !

ÉLISABETH, à Glocester.

Il vient, j'en étais sûre.

LE DUC D'YORK, avec résolution.

Non !

GLOCESTER, impatienté.

Par force à la Tour il le faut emmener.

LE DUC D'YORK.

Par force ! osez-le donc : qui voudra m'y traîner ?
Qui donnera cet ordre ? est-ce vous, ou la reine ?
Moi, frère et fils de roi, commandez qu'on m'y traîne.

GLOCESTER, qui s'avance vers lui.

Apprenez qu'à votre âge on ne fait pas la loi;
Je vais vous le prouver.

LE DUC D'YORK.

Porter la main sur moi !

(tirant à demi le poignard qui est à sa ceinture.)

Prenez garde, milord !

ÉLISABETH.

Ah ! c'est impardonnable !
Votre oncle!...Où vous cacher après un trait semblable?
Évitez les regards; n'allez pas avec nous ;
Restez; nous recevrons votre frère sans vous ;
Et je veux à la Tour l'embrasser la première,
Et vous n'y viendrez pas de la journée entière,
Ni demain, ni plus tard, ni pendant tout un mois :
J'en prends l'engagement. Vous verrez cette fois
Si l'on tient avec vous sa parole royale.

(à Glocester.)

Partons, milord.

GLOCESTER.

Non pas : quel éclat! quel scandale !
Il sent trop son erreur pour y persévérer.
Au reste, j'ai moi-même un tort à réparer.
Je me rends à la Tour, où le conseil m'appelle;

(à Richard.)

Toutefois, ce présent qui fait notre querelle,
Je vais vous l'envoyer, oui, j'y cours de ce pas;
Mais j'en suis sûr, milord, vous ne l'attendrez pas.

ÉLISABETH.

De cette fantaisie à la fin je me lasse ;
J'entends, je veux qu'il reste.

GLOCESTER.

Ah ! j'ai le droit de grace,
J'en userai pour lui ; laissez-moi pardonner :
Sans ce droit-là, ma sœur, qui voudrait gouverner?

(à Richard qui se détourne sans répondre.)   (bas à la reine en souriant.)

Nous quittons-nous amis?—Il est bien volontaire;
Mais cet excès vaut mieux que le défaut contraire.
Vous nous l'amènerez.

ÉLISABETH.

Je sens que j'aurai tort.

GLOCESTER.

Bientôt.

ÉLISABETH.

Vous le voulez?

GLOCESTER, lui baisant la main.

Au revoir donc !

LE DUC D'YORK, qui le suit des yeux.

Il sort !

SCÈNE X.

ÉLISABETH, LE DUC D'YORK, puis BUCKINGHAM.

ELISABETH, au duc d'York.

N'êtes-vous pas honteux...?

LE DUC D'YORK, après s'être assuré que Glocester est parti.

Victoire! il se retire!
Le champ d'honneur me reste.

ÉLISABETH.

Êtes-vous en délire?

LE DUC D'YORK, s'élançant dans ses bras.

Victoire! embrassez-moi : votre Édouard vivra.

ÉLISABETH.

Menaçait-on ses jours?

LE DUC D'YORK, courant chercher Buckingham.

Milord vous l'apprendra.
Accourez, cher cousin. Ai-je du caractère?
Répondez.

BUCKINGHAM.

Noble enfant.

ÉLISABETH.

Quel est donc ce mystère?
Le duc de Buckingham!

LE DUC D'YORK.

Qui vient vous découvrir

Qu'à la Tour... il l'a dit, mon frère allait périr.....
Nous périssions tous deux ; mais comment, je l'ignore.
Et moi...Pauvre Édouard!...M'en voulez-vous encore?..
Pardon !... pour le sauver je n'avais qu'un moyen :
Il vit... Mais je me trouble et ne vous apprends rien ;
Parlez, parlez, milord !

ÉLISABETH.

De grace, car je tremble.

BUCKINGHAM.

Si vos fils à la Tour passent une heure ensemble,
Ils sont perdus !

ÉLISABETH.

Pourquoi ?

BUCKINGHAM.

Ne m'interrogez pas.
Fuyez.

ÉLISABETH.

Moi !

BUCKINGHAM.

Loin d'ici précipitez vos pas,
Vous et le duc d'York.

ÉLISABETH.

Chez moi que peut-il craindre ?

BUCKINGHAM.

A le livrer vous-même on pourrait vous contraindre.

ÉLISABETH.

A le livrer, milord? Qui viendra le chercher?
Lui! mon fils! de mes bras qui pourra l'arracher?
Qui donc? Mais, par pitié, qui donc?

BUCKINGHAM.

La force ouverte.
Les complots, un parti qui conspire leur perte.

ÉLISABETH.

Glocester le connaît ce parti dangereux ;
Ce qu'il fit pour Rivers, il le fera pour eux.

BUCKINGHAM.

Pour Rivers!

ÉLISABETH.

Ah! milord, vous pâlissez!

BUCKINGHAM.

Non, reine;
Non... ou plutôt je cède au zèle qui m'entraîne ;
Je pâlis, mais pour vous; je pâlis d'un danger,
Que le régent...

ÉLISABETH.

Eh bien! il va les protéger.

LE DUC D'YORK.

Ma mère, il vous trahit!

ÉLISABETH.

Lui!

BUCKINGHAM, vivement.

Ce doute l'offense.
Croyez qu'il s'armera pour prendre leur défense ;
Il le doit.

ÉLISABETH.

Le veut-il ?

BUCKINGHAM.

Reine... c'est son devoir.
Mais fuyez, hâtez-vous, et je cours le revoir.
Gagnez de Westminster l'asile inviolable !
Jamais aucun parti, dans sa haine implacable,
Jamais, dans son orgueil, aucun pouvoir humain
Jusqu'au fond de ses murs n'osa porter la main.

ÉLISABETH.

Ils sont accoutumés à voir couler mes larmes :
(au duc d'Yorck.)
Loin de mon noble époux qu'avaient trahi ses armes,
Ton frère, à la lueur de leurs pâles flambeaux,
Poussa ses premiers cris au milieu des tombeaux.
Que les mânes des rois, témoins de sa naissance,
Après l'avoir sauvé, recueillent ton enfance !
Courons : pour te frapper sur mon sein maternel,
On n'insultera pas nos prêtres, l'Éternel,
Les ombres des héros que pleure l'Angleterre,
La majesté de cieux et celle de la terre.
Viens...

(se retournant tout à coup vers Buckingham, et fondant en larmes.)

Mais, mon Édouard! je l'abandonne, lui!
Qui le protégera?

BUCKINGHAM.

Comptez sur mon appui.
Que tout reste secret; gardez qu'une imprudence
N'informe Glocester de cette confidence.
Si contre vos enfans il n'a rien médité
(Et de son dévoûment vous seule avez douté),
En courant vous chercher, je reviens vous l'apprendre;
Mais s'il vous a trahi, reine, il faut nous défendre,
Unir nos partisans, et de sa trahison.
Les armes à la main lui demander raison.

LE DUC D'YORK.

Appelez-moi, milord; faut-il marcher? je l'ose :
Mon sang pour Édouard, et Dieu pour notre cause!

ÉLISABETH.

Toi combattre! qui? toi, que dans mes bras je tiens!
Si jeune, toi, mourir! non, viens, cher enfant, viens...

(Elle fait un pas pour sortir, s'arrête; et s'adressant à Buckingham avec désespoir.)

Plaignez-moi : j'ai deux fils, deux fils que j'idolâtre!
Je suis mère pour l'un, et pour l'autre marâtre.
Je sauve et livre un d'eux; ils ont les mêmes droits.
Rester! partir! le puis-je? et comment faire un choix?

(s'élançant vers Richard qu'elle entoure de ses bras.)

Ah! que dis-je? il est là : je le vois; il l'emporte.
Je vous réponds de lui; s'il meurt, je serai morte.
Pour le fouler aux pieds, ils marcheront sur moi ;
Mais le roi! devant Dieu, répondez-vous du roi?

BUCKINGHAM.

Sur l'honneur.

ÉLISABETH.

Devant Dieu.

BUCKINGHAM.

Je le jure à sa mère.

ÉLISABETH.

Vous défendrez mon fils!.

LE DUC D'YORK, se jetant au cou de Buckingham.

Vous me rendrez mon frère!

FIN DU PREMIER ACTE.

ACTE DEUXIÈME.

Une salle de la Tour. Sur le devant une table couverte de papiers ; deux portes latérales, une porte au fond ; une fenêtre qui donne sur la place.

SCÈNE I.

GLOCESTER, seul, le coude appuyé sur la table.

Quoi ! de nos courtisans je fais ce que je veux ;
Nos vieux lords, dont l'intrigue a blanchi les cheveux,
Nos légistes profonds, à mon gré je les joue,
Et c'est contre un enfant que ma prudence échoue !
Ils sont à Westminster !... mon pouvoir souverain
S'arrête intimidé devant ce mur d'airain.
Ont-ils par Buckingham pris de moi quelque ombrage ?
Le traître !... Cependant il raisonnait en sage :
Pourvu qu'il reste enfant, ce roi faible et borné,
Je suis plus roi que lui, sans l'avoir détrôné.
Je lirai dans son cœur s'il doit mourir ou vivre ;
Mais, réduit à frapper, d'un seul je me délivre :
Ils sont deux, et lui mort, vive Richard !... lequel ?

(se levant.)

Je suis Richard aussi. — Sans respect pour l'autel,

Courons chercher ma proie au fond du sanctuaire ;
Osons l'en arracher; Dieu me laissera faire.
(retombant assis.)
Mais ces prêtres !... Cédons à la nécessité :
Flattons en l'implorant leur sainte humilité.
Pour monter jusqu'au faîte il faut savoir descendre,
Et mendier bien bas ce qu'on n'ose pas prendre.
(il se lève de nouveau.)
Quant à vous, Buckingham, mon bon, mon noble ami,
Vous avez reculé ; c'est trahir à demi.
Vous êtes grand railleur, milord ; mais je parie
Que vous ne rirez pas de ma plaisanterie.
(appelant.)   (à un officier de la Tour.)
Quelqu'un ! — Ce prisonnier délivré par mes soins,
(L'officier sort.)
Qu'il vienne.—Sur son bras puis-je compter au moins ?
Je l'espère ; et malheur au scrupuleux complice
Qui me donne un conseil quand je veux un service !
C'est sa faute après tout : plus infirme d'esprit,
Plus bourgeois par le cœur que les sots dont il rit,
A frapper terre à terre aisément on l'amène ;
Mais il en reste là. Pauvre nature humaine !
Pas un homme complet, pas un seul !... C'est pitié :
En vertu comme en vice ils font tout à moitié.
(voyant entrer Tyrrel.)
Jugeons de celui-ci.

SCÈNE II.

GLOCESTER, TYRREL, un officier de la tour.

GLOCESTER, *examinant Tyrrel qui reste au fond.*
    Son ancienne opulence
A laissé sur son front un reste d'insolence,
Un air de cour... bon signe! on sera son appui,
S'il est à la hauteur du mal qu'on dit de lui.
     (Il s'assied.)
(à Tyrrel.) (à l'officier.)
Approchez. — Laissez-nous.

SCÈNE III.

GLOCESTER, TYRREL.

GLOCESTER.
  C'est Tyrrel qu'on vous nomme?

TYRREL.
Jame Tyrrel, milord.

GLOCESTER.
  Vous êtes gentilhomme?

TYRREL.
D'assez bonne maison; c'est là mon beau côté :
Car des biens paternels mon nom seul m'est resté.

GLOCESTER.

Vous avez dévoré plus d'un riche héritage?

TYRREL.

Quatre.

GLOCESTER.

Vous en auriez dissipé davantage.

TYRREL.

Je le présume aussi; mais pour m'en assurer,
Je n'ai plus par malheur de parens à pleurer.

GLOCESTER.

Vous auriez mis, dit-on, seigneur de haut lignage,
Pour cent livres sterling tous vos aïeux en gage.

TYRREL.

C'est une calomnie, et milord le sent bien,
Vu que sur des aïeux un juif ne prête rien.

GLOCESTER.

Voilà votre raison?

TYRREL.

Elle est bonne.

GLOCESTER.

Vous êtes
Décrié pour vos mœurs, écrasé sous vos dettes,
Sans principes, sans frein...

TYRREL.

Ajoutez sans crédit,
Et, cela fait, milord, vous n'aurez pas tout dit.

ACTE II, SCÈNE III.

GLOCESTER.

Joueur.

TYRREL.

Qui ne l'est pas ?

GLOCESTER.

Joueur déraisonnable.

TYRREL.

Si j'avais ma raison, je serais plus coupable.

GLOCESTER.

Le vin, en vous l'ôtant, vous rendit querelleur...

TYRREL.

Il eut donc tous les torts ; je n'eus que du malheur.

GLOCESTER.

Furieux.

TYRREL.

C'est sa faute.

GLOCESTER.

Et meurtrier par suite.

TYRREL, *froidement.*

C'est pourtant là, milord, que mène l'inconduite.

GLOCESTER.

A Tyburn.

TYRREL.

Où j'attends qu'un bond précipité
Me lance dans l'espace et dans l'éternité.

CLOCESTER.

Le terme du voyage est fort triste..

TYRREL.

Sans doute ;
Mais je me suis du moins amusé sur la route.

GLOCESTER.

Je vois que les cachots ne vous ont pas changé.

TYRREL.

Tant que je n'aurai rien, je serai corrigé.

GLOCESTER.

Mais si l'on vous pardonne?

TYRREL.

On perdra sa clémence.

GLOCESTER.

Et si l'on vous rend tout, Tyrrel?

TYRREL.

Je recommence.
A l'âge respectable où je suis parvenu,
Hors la vertu, milord, rien ne m'est inconnu.
Mais à mourir demain je me soumets d'avance,
S'il faut, pour me sauver, faire sa connaissance.
Moi, comme un apostat, renier mes beaux jours!
Jamais. Grands airs, grand train, duels, folles amours,
J'avais tous les défauts qu'un gentilhomme affiche,
Et des amis!... jugez : je fus quatre fois riche.
Nous étions beaux à voir autour d'un bol en feu,

Buvant sa flamme, en proie aux bourrasques du jeu,
Quand il faisait rouler sous nos mains forcenées
Le flux et le reflux des piles de guinées.
Quelles nuits! Beau joueur et plus heureux amant,
J'eus un fils; bien à moi, je ne sais pas comment;
Mais je l'idolâtrais. Il était adorable,
Lorsqu'au milieu des dés qui parcouraient la table,
Il trépignait sur l'or par ses pieds dispersé.
Je le prêchais d'exemple; il m'aurait surpassé,
Et déjà son enfance, en malices féconde,
Promettait le démon le plus charmant du monde...
Ce n'est qu'un ange; hélas! Dieu me l'a retiré.
Je l'ai pleuré, ce fils; ah! je l'ai bien pleuré.
J'étais mort à la joie, et j'ai voulu renaître;
Jetant trésors, contrats, regrets par la fenêtre,
J'y jetai ma raison : il fallait oublier.
Du désordre opulent qui m'était familier,
Je descendis plus bas : je bus jusqu'à la lie,
De la taverne enfin la grossière folie,
Et d'excès en excès je tombai, je roulai
Jusqu'au fond de l'abîme, où, de plaisirs brûlé,
Mais trop pauvre d'argent pour mourir dans l'ivresse,
En m'éveillant à jeun, je connus ma détresse.
Vous parlez de Tyburn; me voilà, je suis prêt.
N'ayant plus un schelling, je n'ai pas un regret.
Que le néant, le ciel ou l'enfer me réclame,

Mon corps est arrivé : bon voyage à mon ame!

GLOCESTER.

Convenez-en, Tyrrel, vous seriez homme encor
A la vendre au démon, s'il vous offrait de l'or.

TYRREL.

Je ne marchande pas, quelque prix qu'il y mette :
Mais il l'aura pour rien, je doute qu'il l'achète.

GLOCESTER.

Et s'il fait le marché?

TYRREL.

C'est une dupe.

GLOCESTER.

Eh bien!
Veux-tu la vendre?

TYRREL.

A qui?

GLOCESTER.

Je l'achète.

TYRREL.

Combien?

GLOCESTER.

Je te rends tout.

TYRREL.

Voyons.

GLOCESTER.

D'abord ton innocence.

TYRREL.

Après?

GLOCESTER.

Ta liberté.

TYRREL.

C'est mieux.

GLOCESTER.

Ton opulence.

TYRREL, vivement.

C'est assez.

GLOCESTER.

Pour Tyrrel; mais stipulons pour moi.

TYRREL.

Que vous faut-il, milord?

GLOCESTER.

Un plein pouvoir sur toi.

TYRREL.

Vous l'aurez.

GLOCESTER.

Aujourd'hui?

TYRREL.

Sur l'heure.

GLOCESTER.

Au premier signe, Comprends-moi.

TYRREL.

J'ai des yeux.

GLOCESTER.

Frappe qui je désigne.

TYRREL.

Mon bras n'est que trop sûr.

GLOCESTER.

Sans consulter le rang.

TYRREL.

Hors le prix convenu, tout m'est indifférent.

GLOCESTER.

Mon ami, si je veux.

TYRREL.

Et le mien, s'il vous gêne.

GLOCESTER.

A l'œuvre !

TYRREL.

Commandez, milord, je suis en veine.

GLOCESTER.

Du comte d'Hereford délivre-moi ce soir.

TYRREL.

Je ne le connais pas.

GLOCESTER.

Bientôt tu vas le voir.

TYRREL.

Où l'attendre

ACTE II, SCÈNE III.

GLOCESTER.

A Whit-Hall.

TYRREL.

Il est mort s'il y passe.

GLOCESTER.

Je l'y ferai passer.

TYRREL.

Bien.

GLOCESTER.

Un point m'embarrasse.

TYRREL.

Lequel?

GLOCESTER.

Peut-on encor te connaître à la cour?

TYRREL.

J'y parus à vingt ans, et n'y restai qu'un jour.

GLOCESTER.

Pourquoi?

TYRREL.

Je m'ennuyai, milord, de l'étiquette.

GLOCESTER.

Que sir Jame Tyrrel aujourd'hui s'y soumette.

TYRREL, avec importance.

Il le fera pour vous.

GLOCESTER.

C'est bien: levez les yeux;

Sur votre front hautain portez tous vos aïeux.
Allons, mon gentilhomme, une superbe audace!
Un train de roi! cet air qui dit: faites-moi place!
Des vices de bon goût! de splendides repas!
Vos salons, dès demain, ne désempliront pas;
Et nul n'ira chercher, s'il s'amuse à vos fêtes,
Qui vous étiez, sir Jame, en voyant qui vous êtes.
Tout vous convient-il?

TYRREL.

Tout.

GLOCESTER.

C'est donc fait?

TYRREL.

Je conclus.

GLOCESTER.

Moi, je paie; à présent, tu ne t'appartiens plus.

TYRREL.

Jamais on n'eut sur moi de droit si légitime:
Vous m'avez acheté plus que je ne m'estime.

GLOCESTER, en lui montrant une des portes latérales.

(pendant qu'il s'éloigne.)

On vient; sors.—Par saint George! on ne l'a pas flatté.
Il me réconcilie avec l'humanité.

SCÈNE IV.

GLOCESTER, BUCKINGHAM.

GLOCESTER, à Buckingham, qui entre.

De grace, arrivez donc, cousin; on vous désire.

BUCKINGHAM.

Très noble protecteur, souffrez que je respire.
Je voulais des premiers saluer à la Tour
Le roi, qu'auprès de vous je croyais de retour ;
Mais je suis peu surpris qu'il traverse avec peine
L'océan plébéien dont chaque rue est pleine.

(allant à la fenêtre qu'il ouvre.)

Avant de m'accuser, milord, regardez-les :
Quelle foule! on s'écrase; et de Douvre à Calais
La mer, par un gros temps, a plus de courtoisie
Que ce peuple agité jusqu'à la frénésie.
Il ne veut que son roi; froissé dans ses ébats,
Meurtri de ses transports, je me disais tout bas
Qu'on serait mal venu, par force ou par adresse,
A lui ravir l'objet d'une si folle ivresse.
Quand je vous parle ainsi, je ne suis pas suspect :
Ils ont, parbleu! pour moi montré peu de respect;
Et mon cheval pourtant est de plus noble race
Que ce troupeau d'Anglais entassés sur la place.

GLOCESTER.

Parlait-on de la reine?

BUCKINGHAM.

Avec un dévoûment!...

GLOCESTER.

Elle est à Westminster.

BUCKINGHAM.

Elle!

GLOCESTER.

Et son fils.

BUCKINGHAM.

Vraiment?

GLOCESTER.

C'est très vrai.

BUCKINGHAM.

Dans quel but?

GLOCESTER.

Si tu le peux comprendre,
Tu me feras plaisir, cousin, de me l'apprendre.

BUCKINGHAM.

Peut-être un mot de vous a causé son effroi.

GLOCESTER.

Oui, j'aurai trop parlé : tout le mal vient de moi.
Il m'a fallu souvent descendre à l'imposture;
Mais j'y suis maladroit : c'est contre ma nature.

BUCKINGHAM.

Quelle faute !

GLOCESTER.

J'ai peine à me la pardonner.
J'aurais dû par toi seul me laisser deviner;
J'étais sûr de ta foi.

BUCKINGHAM.

Certes.

GLOCESTER, en souriant.

La reine est belle;
Et je vous crois, cher duc, assez bien avec elle.

BUCKINGHAM.

Moi !... sa grave beauté serait fort de mon goût;
Ma gaîté, par malheur, ne lui va pas du tout.

GLOCESTER.

J'avais compté sur vous pour certaine entreprise!...

BUCKINGHAM.

Contre l'autel, milord! Qui s'y heurte s'y brise:
Je vous l'ai toujours dit. Respectez le saint lieu.
La haine tient long-temps dans les hommes de Dieu.
Orgueil épiscopal, rancune monastique,
Remuer tout cela n'est jamais politique.

GLOCESTER.

Ta raison, Buckingham, quelquefois me confond.

BUCKINGHAM, en riant.

Pas plus que moi, milord.

GLOCESTER.

        Ton esprit est profond.

BUCKINGHAM.

Les fous sont étonnans dans leurs momens lucides.

GLOCESTER.

De tous mes intérêts il faut que tu décides.

BUCKINGHAM, à part.

Me revient-il?

GLOCESTER, avec bonhomie.

       Pourtant tes conseils m'ont déplu;
Mon pauvre Buckingham, oui, je t'en ai voulu.
J'en conviens. J'étais fou; j'avais une pensée,
Une pensée horrible, et je l'ai repoussée;
Elle m'aurait perdu : l'abîme était voisin;
J'y tombais.

BUCKINGHAM.

    Je le crois.

GLOCESTER.

        Embrasse-moi, cousin
Tu m'as sauvé.

BUCKINGHAM.

Milord!

GLOCESTER.

      D'une chute certaine.

BUCKINGHAM, à part.

Me suis-je trop pressé de parler à la reine?

GLOCESTER.

J'avais vu le lord-maire; il voulait tout oser.
Tu passeras chez lui.

BUCKINGHAM.

Qui, moi?

GLOCESTER.

Pour refuser.

BUCKINGHAM.

Quoi! positivement?

GLOCESTER.

Même avec cet air digne,
Ce dédain vertueux de l'honneur qui s'indigne.

BUCKINGHAM.

Je ne remettrai pas l'ambassade à demain.

GLOCESTER, à part.

Non; mais, l'ambassadeur peut rester en chemin.

(On entend du dehors la rumeur de la foule et les cris de vive le roi! vive Édouard!)

(à Buckingham.)

Quels cris!

BUCKINGHAM.

Le roi s'approche.

GLOCESTER.

Exploitons sa faiblesse;
Gouvernons, à nous deux, sa précoce vieillesse.
Le flatteur qui nous perd est mieux venu souvent

Que l'ami qui nous sauve en nous désapprouvant;
Mais, détrompé plus tard, c'est à l'ami qu'on pense,
Et tu sauras bientôt comment je récompense.
Ta main? oublions tout.

BUCKINGHAM.

Et de grand cœur, milord.

GLOCESTER.

Cousin, c'est entre nous à la vie, à la mort.

BUCKINGHAM, à part.

J'en crois son intérêt qui dicte sa conduite.

GLOCESTER, à part.

Qu'il répare sa faute, et qu'il la paie ensuite.

(à Buckingham.)

Viens au-devant du roi, courons. Mais le voici.

SCÈNE V.

Les mêmes, ÉDOUARD, LE CARDINAL BOURCHIER, L'ARCHEVÊQUE D'YORK, la cour.

GLOCESTER, à Édouard.

Ah! pardon! moi, milord, vous recevoir ici!
C'est au seuil de la Tour, c'est aux portes de Londre
Que parmi vos sujets je devais me confondre,

(mettant un genou en terre.)

Et le front découvert,—vous offrir à genoux
Les vœux du plus zélé, du plus humble de tous.

ÉDOUARD, le relevant.

Mon oncle, dans mes bras! Que leur foule attendrie
Doit mêler de regrets à son idolâtrie!
Ah! ce n'est pas à moi de connaître l'orgueil :
Je n'ai rien fait pour eux. Digne objet de leur deuil,
Que mon père au tombeau soit fier de son ouvrage :
C'est lui qui m'a laissé leurs cœurs en héritage.
Mais un autre oncle encor devait m'ouvrir ses bras.

GLOCESTER.

Lord Rivers?

ÉDOUARD.

Je le cherche, et je ne le vois pas.
Depuis que par vos soins tant d'éclat m'environne,
Qu'une garde d'honneur entoure ma personne,
Sans m'en donner avis, il a quitté la cour,
Et près de vous, dit-on, m'a devancé d'un jour.

GLOCESTER.

J'ai moi-même à la reine expliqué son absence.

ÉDOUARD.

Ma mère!... ah! pardonnez à mon impatience,
Et Richard! Où sont-ils?

GLOCESTER.

Que mon noble neveu
D'un tort dont je gémis reçoive ici l'aveu :
Un parti s'agitait; j'en informe la reine;
Elle en prend quelque ombrage, et je la quitte à peine

Qu'aux murs de l'abbaye elle va s'enfermer.
C'est ma faute : pour vous trop prompt à m'alarmer,
Je n'ai pas ménagé sa terreur maternelle,
Et je suis, par tendresse, aussi coupable qu'elle.
Excusez-nous tous deux.

ÉDOUARD.

Ah! courons la chercher.

GLOCESTER.

C'est donner de l'éclat à ce qu'il faut cacher.
De votre main royale un avis doit suffire.
Un mot qui la rassure, un seul !

ÉDOUARD, courant s'asseoir près de la table.

Je vais l'écrire.

GLOCESTER, s'approchant des prélats.

Mes vénérables lords, à vos soins j'ai recours :
Appuyez cet écrit de vos pieux discours ;
L'éloquence du cœur coule de votre bouche.
Je me joindrais à vous ; mais sur ce qui vous touche,
Dût mon respect profond paraître timoré,
Le seuil de Westminster pour mes pas est sacré.

ÉDOUARD, tandis que Glocester continue de s'entretenir avec les évêques.

Ah! bonjour, Buckingham !

BUCKINGHAM.

La santé de sa grace
A souffert du voyage.

ACTE II, SCÈNE V.

ÉDOUARD, qui se remet à écrire.

Un peu.

BUCKINGHAM.

Ce bruit vous lasse;
Mais cet excellent peuple est toujours furieux,
Et tûrait ses amis pour les accueillir mieux.

ÉDOUARD.

Je l'aime : ses transports passent mon espérance,
Et j'en parle à la reine avec reconnaissance.

GLOCESTER, remerciant les évêques.

En toute occasion disposez du pouvoir,

(à Tyrrel, qui entre et s'incline devant lui.)

Je le mets à vos pieds.—Enchanté de vous voir,
Bon sir Jame!

ÉDOUARD, en se levant, à Glocester, qui se trouve entre lui
et Buckingham.

Voici la lettre pour ma mère.

GLOCESTER, après l'avoir prise.

Permettez que j'honore un dévoûment sincère,
Celui dont Buckingham a fait preuve pour vous.
Le comté d'Hereford lui fut promis par nous;
Confirmez-en le don : cette faveur légère,
S'il la tient de vos mains, lui deviendra plus chère.

ÉDOUARD.

(à Buckingham.)

Vous me rendez heureux. C'était me réserver

Le plaisir le plus doux qu'un roi puisse éprouver.
####### BUCKINGHAM, à Édouard.

(serrant la main de Glocester.)
Votre grace me comble. — Ah! milord!...
####### GLOCESTER, à Buckingham.

Je suis juste.

(remettant la lettre aux évêques.)
En vous voyant chargés de ce message auguste,
Quel doute peut encor retenir notre sœur?
Promettez, accordez; satisfaites son cœur:
Je vous laisse de tout les suprêmes arbitres.

(à Buckingham.)
Ah! cher duc!... ou cher comte, on se perd dans vos titres,
De vous joindre aux prélats n'êtes-vous point jaloux?
####### BUCKINGHAM.
Je m'en ferais honneur.
####### GLOCESTER.
La reine croit en vous.
Parlez-lui; dissipez sa crainte imaginaire.
####### BUCKINGHAM.
J'y cours.
####### GLOCESTER.
Veuillez après passer chez le lord-maire;
(en échangeant un regard avec Tyrrel.)
Je le crois à Whit-Hall.

ACTE II, SCÈNE VI.

BUCKINGHAM.

Il m'y verra, milord.

GLOCESTER, qui lui frappe sur l'épaule, en jetant un coup d'œil à Tyrrel.

Succès et bon retour au comte d'Hereford!

(Buckingham sort avec les évêques, Tyrrel les suit, la cour se retire, congédiée par Glocester.)

SCÈNE VI.

ÉDOUARD (assis), GLOCESTER.

GLOCESTER, à part, en revenant sur le devant de la scène.

Sera-t-il, cet enfant, mon esclave ou mon maître?
Pour le laisser régner, c'est ce qu'il faut connaître.

(Il s'appuie sur le fauteuil d'Édouard.)

Des hommages de cour milord est délivré;
J'ai pris sur moi ce soin.

ÉDOUARD.

Et je vous en sais gré :
De ces émotions l'ivresse est accablante;
J'ai peine à soulever ma paupière brûlante;
Ma force est épuisée.

GLOCESTER.

Hélas! que de dégoûts
Attachés à ce rang qui fait tant de jaloux!
Beau neveu, je vous plains.

ÉDOUARD.

Un regard de ma mère
Emportera bientôt ma douleur passagère.
Parlez-moi de Richard : m'a-t-il bien regretté ?
Du voyageur, milord, s'est-il inquiété ?

GLOCESTER.

Mais...

ÉDOUARD.

Oui, j'en crois mon cœur, le sien, sa douce image
Dont les traits m'ont souri pendant tout le voyage.
Il s'occupait de moi, qui, palpitant d'espoir,
Le cherchais, l'appelais, croyais déjà le voir
Se jeter à mon cou, dans sa joie enfantine,
Les bras unis aux miens, pleurer sur ma poitrine ;
Qui l'entendais, milord, comme s'il était là,
Me dire en sanglotant : Édouard, te voilà !

GLOCESTER.

Je veux l'entretenir, cette amitié si sainte :
Je prendrai du pouvoir les travaux, la contrainte.
Pour moi tous ses chagrins, pour vous la liberté,
L'amour, les jeux d'un frère, et leur folle gaîté !

ÉDOUARD.

Son enjoûment naïf au plaisir vous invite ;
Il rit de si bon cœur, que bientôt on l'imite.

GLOCESTER.

Heureux auprès de lui, vous n'aurez qu'à choisir

Entre les passe-temps qui charment son loisir.

ÉDOUARD.

Je les verrai peut-être avec un œil d'envie;
Mais d'autres soins, milord, doivent remplir ma vie.

GLOCESTER.

Et quels soins?

ÉDOUARD.

Je suis roi.

GLOCESTER.

Mon Dieu! vous le serez;
Mais ne vous troublez point d'ennuis prématurés.
N'accablez point vos jours d'un poids qu'on vous allége;
Vous n'aurez que trop tôt ce triste privilége.

ÉDOUARD.

Dussé-je avant le temps rejoindre mes aïeux,
Lord Rivers me l'a dit, il faut voir par mes yeux.
Si mon père abusé, si ce roi qu'on révère,
N'eût pas fermé les siens dans un jour de colère,
Clarence, qu'il aimait et qu'il a tant pleuré!...

GLOCESTER.

Clarence!

ÉDOUARD.

Dans la Tour n'aurait pas expiré.

GLOCESTER, à part.

Il a trop de mémoire.

ÉDOUARD.

Ah! quelle différence!
Où j'arrive avec joie il vint sans espérance.
C'est ici, dans ces murs.... leur aspect m'a fait mal :
Ils ont vu si souvent couler le sang royal!

GLOCESTER.

Mais l'arrêt cette fois punissait un coupable.

ÉDOUARD.

L'arrêt qui tue un frère est toujours révocable.

GLOCESTER, à part.

Me soupçonnerait-il?

ÉDOUARD.

Un frère!... ah! ce doux nom,
Sur les lèvres des rois fait venir le pardon;
Édouard l'accorda.

GLOCESTER.

Trop tard.

ÉDOUARD.

Non, mais un crime
Jusque sous son pardon vint frapper la victime.

GLOCESTER.

Chassez de votre esprit ce triste souvenir.

ÉDOUARD.

Ah! quand je le voudrais, pourrais-je l'en bannir?
J'entends sortir du cœur de mon malheureux père
Ce cri: «Mon frère est mort! j'ai fait mourir mon frère!»

Je jouais, j'étais là, riant sur ses genoux,
Quand d'horreur, à ce cri, vous avez pâli tous.
Puis avec quels sanglots il reprit à voix basse :
« Eh quoi ! pas un de vous n'a demandé sa grace !
« Qui l'a fait ? qui de vous, à mes pieds se jetant,
« M'a rappelé ces jours où nous nous aimions tant ?
« Nos durs travaux, ces nuits où, brisés par la guerre,
« Dans le même manteau nous couchions sur la terre,
« Où l'écartant de lui pour en couvrir son roi,
« Sous la froide rosée il tremblait près de moi ?
« Et je l'ai condamné sans qu'une bouche amie
« S'ouvrît pour me crier : Il vous sauva la vie !
« Pauvre infortuné frère !... Ah ! que jamais ton sang
« Ne retombe sur lui, dit-il en m'embrassant,
« Sur mes fils !... » Et sa voix s'éteignit dans les larmes.
Mais la bonté du ciel a trompé ses alarmes :
Aimés, bénis de tous, ses deux fils sont heureux ;
Il peut dormir en paix, car vous veillez sur eux.

GLOCESTER.

(à part.)   (à Édouard.)

Je respire ! Écartez ces images funèbres.

ÉDOUARD.

Oui, quand j'aurai puni.

GLOCESTER.

Qui donc ?

ÉDOUARD.

Dans les ténèbres
L'assassin de Clarence en vain croit se cacher.

GLOCESTER.

Eh! que prétendez-vous?

ÉDOUARD.

Mon bras l'ira chercher.

GLOCESTER.

Craignez, en l'essayant, d'éveiller bien des haines.

ÉDOUARD.

La justice des rois n'a point ces craintes vaines.

GLOCESTER.

Un enfant fera-t-il, à son avénement,
Ce qu'Édouard lui-même évita prudemment?

ÉDOUARD, se levant.

Le jour où, jeune encore, on revêt la puissance,
On grandit sous son poids; pour secouer l'enfance,
Sur les degrés du trône il suffit d'un instant,
Et l'enfant couronné devient homme en montant.
Je suis plein d'avenir : Dieu dans ce corps débile
Avec un cœur de feu mit une ame virile.
Vous serez fier de moi, j'en ai le ferme espoir.
Mais punir l'assassin est mon premier devoir.
Je vous le jure ici par les pleurs de mon père,
Plus il sera puissant, plus je serai sévère.
Rien ne peut, moi régnant, le soustraire au trépas;

Rien, je le jure encor.

GLOCESTER, à part.

Tu ne régneras pas.

ÉDOUARD, qui est retombé sur son fauteuil.

Mais vous avez raison ; ce souvenir me tue.
Je cède à la fatigue, et ma tête abattue,
Malgré moi, je le sens, retombe sur ma main.

GLOCESTER, avec intérêt.

Qu'avais-je dit ?

ÉDOUARD.

Croyez que plus tard, que demain,
Quand le sommeil... Une heure! oh! seulement une heure!

GLOCESTER.

Pour goûter ce repos, venez.

ÉDOUARD.

Non, je demeure.
La reine maintenant ne peut tarder, je crois :
Je l'attends. Oh, parlez : j'écoute... je vous vois...
Mais comme dans un rêve... et cependant je veille.
Richard !... toujours joyeux... O mon frère !..,

GLOCESTER.

Il sommeille.

SCÈNE VII.

GLOCESTER, ÉDOUARD (endormi.)

GLOCESTER.

C'est lui! c'est cet enfant qui parle de punir,
Quand ce moment, peut-être, est tout son avenir!...
Non : sans cette autre vie attachée à la sienne,
Je ne puis rien.

ÉDOUARD, rêvant.

Richard!

GLOCESTER.

Il l'appelle : ah! qu'il vienne;
Qu'il dorme à ses côtés, et je suis Richard-Trois;
Je suis roi d'Angleterre en étouffant deux rois.
Nos lords, nos fiers prélats, pâlissant d'épouvante,
Voudront, le crime fait, baiser ma main sanglante,
Et, si je leur partage un lambeau du pouvoir,
Pour ne rien refuser, n'oseront rien savoir;

(marchant avec agitation.)

Qu'il vienne!...et s'il dit : Non...-Mot fatal! c'est la guerre!
Drapeau contre drapeau, nous joûrons l'Angleterre.

(Il s'élance à la fenêtre et se penche en dehors.)

A qui la chance alors?...Mais qu'entends-je?-Aucun bruit.

Mon œil au pied des murs plonge en vain dans la nuit.

(Il revient sur le devant de la scène,
et regardant Édouard.)

Quelle angoisse! Attendons.—La frêle créature!
Belle pourtant, bien belle. O marâtre nature!
En comblant tous les miens, tu fis de leur beauté
Un sarcasme vivant pour ma difformité.
Eh bien! marâtre, eh bien! j'ai détruit ton ouvrage :
Demande-les aux vers qui rongent leur visage.
La mort, la pâle mort décomposa ces traits
Où d'un œil complaisant jadis tu t'admirais.
Qui doit survivre à tous? Moi, l'œuvre de ta haine,
Moi, modèle achevé de la laideur humaine ;
Encor deux fronts charmans à couvrir d'un linceul,
Et tu ne pourras plus t'admirer qu'en moi seul.

(prêtant l'oreille.)   (Il court de nouveau à la fenêtre.)

Écoutons : ce sont eux!...—Cette rumeur lointaine,
Ce concours, ces flambeaux, tout le dit : c'est la reine.
C'est elle; je la vois. Qu'ils marchent lentement!
D'où vient qu'elle s'arrête? est-ce un pressentiment?
Non, non : elle reçoit les suppliques d'usage.
Encore une! et toujours! Faites-lui donc passage.
Avec mes yeux vers moi je voudrais l'attirer.
Ah! l'excellente mère! elle vient les livrer.
Elle avance, elle approche à ma voix qui l'appelle;
La voilà sur le pont...... Son fils n'est pas près d'elle!

LES ENFANS D'ÉDOUARD.

(avec fureur.)

Elle vient sans son fils! — Tu mentais, tu mentais,
Faux espoir, sois maudit; et vous que je sentais
Vous dresser pour le meurtre en frissonnant de joie,
A bas! ongles du tigre : on m'a ravi ma proie.

LE DUC D'YORK, en dehors.

Édouard?

GLOCESTER.

Est-ce un rêve?

LE DUC D'YORK, de même.

Édouard?

GLOCESTER.

Je l'entends!

Il la devançait donc? Voilà de ces instans
Où l'émotion tue, où la joie assassine.

(riant malgré lui.)

Folle, tu me trahis; rentre dans ma poitrine,
Rentre, obéis; meurs là! je règne. Ils sont à moi.

SCÈNE VIII.

Les mêmes, LE DUC D'YORK.

LE DUC D'YORK.

(s'élançant vers le roi.)

Mon frère! où le trouver?... — Mon Édouard!

ACTE II, SCÈNE IX.

ÉDOUARD, en l'embrassant.

C'est toi,
Toi, Richard!

LE DUC D'YORK.

Le premier. Vois : je suis hors d'haleine.
J'ai couru! pour m'atteindre on eût perdu sa peine :
(à Glocester.)
Je venais t'embrasser. — Mon oncle, c'est bien lui,
C'est lui ; je le revois. De retour aujourd'hui,
Tu ne t'en iras plus? non, jamais?

ÉDOUARD.

Je l'espère.

RICHARD, lui tendant les bras.

Jamais! Ah! que je t'aime! Encore, encor !

ÉDOUARD.

Mon frère!

(Ils s'embrassent de nouveau.)

SCÈNE IX.

LES MÊMES, ÉLISABETH, LE CARDINAL BOURCHIER, L'ARCHEVÊQUE D'YORK, LA COUR, puis TYRREL.

GLOCESTER, prenant la reine par la main et lui montrant les princes.

Regardez, milady : quels transports que les leurs !
Ce spectacle touchant m'attendrit jusqu'aux pleurs.

ÉDOUARD.

Ma mère, enfin, c'est vous !

ÉLISABETH.

Oui, mon fils, oui, ta mère ;
Celle qui te chérit, dont la douleur amère
De son pauvre exilé rêvait, parlait toujours,
Qui souffrait de tes maux, qui consumait ses jours
A trembler pour les tiens, à pleurer, à se plaindre,
Qui pleure, mais de joie, et n'a plus rien à craindre.

LE DUC D'YORK.

C'est votre favori.

ÉLISABETH, souriant.

Jaloux !

LE DUC D'YORK.

Non pas jaloux !
Bien heureux !

ÉLISABETH.

Ah ! tenez, tenez ; partagez-vous
Tous ces gages d'amour passant de l'un à l'autre,
Mes transports, mon bonheur qui s'accroît par le vôtre.
Je veux de mes baisers vous couvrir à la fois :

(à Glocester.)

Tenez ! — Pardon, milord ; il fut absent deux mois.

GLOCESTER.

On vous pardonne tout, hors la crainte insensée
Qui de fuir votre fils vous donna la pensée.

ÉLISABETH, à Édouard.

Te fuir!... Quoi, je l'ai fait! Ah! j'en ai bien souffert.
Aussi, quand Buckingham à nos yeux s'est offert,
Quand j'ai lu cette lettre et si bonne et si tendre...

ÉDOUARD.

Ma lettre?

ÉLISABETH.

Elle est charmante. Alors, sans rien entendre,
Je voulais devancer nos pontifes sacrés.

(se tournant vers les évêques.)

Que leur zèle pieux les a bien inspirés!

(à Glocester.)

Que de remercîmens je vous dois à vous-même,

(aux seigneurs de la cour.)

A vous, milords, au peuple! Édouard, comme il t'aime!
Tous bénissaient ton nom: leur supplique à la main,
Tous de leurs vœux pour toi m'assiégeaient en chemin.

(montrant les placets qu'un des lords a déposés sur la table.)

Vois ce que je t'apporte.

GLOCESTER.

Encor du bien à faire,

Du mal à réparer!

ÉDOUARD.

Voyons!

LE DUC D'YORK.

C'est mon affaire.

ÉLISABETH.

C'est celle du régent.

GLOCESTER.

Richard a plein pouvoir.

LE DUC D'YORK.

Bon! le trésor public y passera ce soir.

GLOCESTER.

Faites beaucoup d'heureux, pourtant pas d'imprudences.

LE DUC D'YORK, assis près de la table, et distribuant les pétitions aux seigneurs et aux prélats qui l'entourent.

Pour vous, milords; pour vous; et pour leurs éminences!
Tout ce qui reste à moi!

ÉLISABETH, à Édouard.

Mes ennuis, mon chagrin,
Les as-tu partagés?

LE DUC D'YORK, à Glocester.

Ah! mon oncle, un marin!
Pauvre, manquant de tout...

GLOCESTER.

J'accorde cent guinées.

LE DUC D'YORK.

Deux cents.

GLOCESTER.

Mais prenez garde!

LE DUC D'YORK.

Oh! je les ai données :

Il s'appelle Édouard.

GLOCESTER.

C'est un titre pour moi.

LE DUC D'YORK.

Vous m'approuvez aussi, vous, mon seigneur et roi?

ÉDOUARD.

De grand cœur, milord duc.

ÉLISABETH, se défendant doucement contre Édouard qui lui baise les mains.

Mais laissez : qu'on vous voie;
Que de vous regarder on ait au moins la joie.
Cher enfant, sur ce front que je trouve embelli
De la santé pourtant les couleurs ont pâli.

ÉDOUARD.

Ce n'est rien.

GLOCESTER.

De ses traits la grace est plus touchante.

ÉLISABETH.

Trop pour sa mère.

LE DUC D'YORK, se levant, un papier à la main.

O ciel!

ÉLISABETH.

D'où vient votre épouvante?

LE DUC D'YORK.

Au milieu des placets dans vos mains déposés,
Cet écrit...

ÉDOUARD.

Comme il tremble!

LE DUC D'YORK.

Ah! ma mère, lisez.

GLOCESTER.

Donnez, donnez-le moi, cet écrit si terrible.

LE DUC D'YORK.

(à Glocester.) (à la reine.)

Non, vous ne l'aurez pas. — Lisez.

ÉLISABETH, après avoir parcouru le papier.

Est-il possible?
Rivers!...

ÉDOUARD, à la reine.

Vous frémissez!

ÉLISABETH, à Glocester.

Rivers! quel est son sort?

GLOCESTER.

Reine, je vous l'ai dit.

ÉLISABETH.

Il est mort! il est mort!

ÉDOUARD.

Lui, grand Dieu!

ÉLISABETH.

Cette nuit.

GLOCESTER.

Mensonge invraisemblable!

ACTE II, SCÈNE IX.

De cet acte inhumain qui donc serait le coupable?

ÉLISABETH.

Vous me le demandez?

GLOCESTER.

Sans doute.

ÉLISABETH.

C'est celui
Qui ne veut pas, milord, me laisser un appui.
Hastings qu'il a frappé, Rivers qu'il assassine,
N'ont point lassé son bras armé pour ma ruine;
Un noble ami, comme eux, s'est déclaré pour nous;
J'apprends que, par miracle échappant à ses coups,
Cet ami, Buckingham...

GLOCESTER.

Eh bien?

ÉLISABETH.

D'un nouveau crime
Faillit, en me quittant, devenir la victime.

ÉDOUARD.

Quel est son assassin?

GLOCESTER.

Quel est-il? Répondez :
Encore un coup, son nom?

ÉLISABETH.

Vous me le demandez!

GLOCESTER.

Je ne demande plus ce que je dois prescrire.
Parlez, je le veux.

ÉLISABETH.

C'est... Je n'ose pas le dire;
Non, je ne l'ose pas.

GLOCESTER.

Qui vous retient? Pourquoi
Ne pas couronner l'œuvre en disant que c'est moi?
J'aurai sacrifié Rivers à ma vengeance,
Moi, dont il tient son rang, son titre, sa puissance;
Rivers, qui, sans penser qu'on l'immole en chemin,
Arrive, et dans ses bras va me presser demain.
Plus coupable, j'ai pris Buckingham pour victime,
Moi qui l'admis quinze ans dans mon commerce intime;
Moi qui, ce soir encor, par mon cœur entraîné,
Ici, dans le lieu même où je suis soupçonné,
A sa grace, à vous tous, l'offrais comme un modèle,
Et par les mains du roi récompensais son zèle.

(à la reine, en voulant saisir le papier)

De qui vient cet écrit où je suis désigné?

ÉLISABETH.

Ah! d'un ami sans doute.

GLOCESTER.

Il n'est donc pas signé?

(se couvrant.)

Mensonge et trahison ! Le régent du royaume,
Bravé, calomnié, n'est-il plus qu'un fantôme,
Qu'une ombre? Mon pouvoir, immense, illimité,
Pour borne cependant n'a que ma volonté.

ÉLISABETH, avec terreur.

Il est trop vrai.

GLOCESTER, promenant ses regards sur l'assemblée.

Celui qui, dans le fond de l'ame,
Tiendrait pour vérité cette imposture infame,
Sentirait mon courroux l'écraser de son poids,
Si des yeux seulement il me disait : J'y crois.

ÉLISABETH.

Ils se taisent !

GLOCESTER.

Veut-on ramener la noblesse
Aux jours où, de l'État souveraine maîtresse,
Une femme régnait, qui nous opprimait tous,
Qui semait à plaisir la discorde entre nous,
Et, faisant condamner le frère par le frère,
Sur Clarence...

ÉLISABETH, indignée.

Ah! milord !

ÉDOUARD, s'élançant vers Glocester.

Vous insultez ma mère !

GLOCESTER.

La veuve de lord Gray ne nous gouverne pas.

ÉDOUARD, à Glocester.

La veuve d'Édouard ! la reine ! Chapeau bas !

(joignant le geste à la parole.)

Chapeau bas devant elle !

ÉLISABETH.

Ah ! qu'as-tu fait ?

LE DUC D'YORK.

Courage !

Bien, mon frère ; c'est bien !

ÉLISABETH.

(au roi.)   (à Glocester.)

Édouard !... A son âge,

(revenant au roi.)

On s'emporte aisément. O mon fils ! contiens-toi.

(à Glocester.)

Pardon ! j'ai tous les torts : dans un moment d'effroi...
Une mère... Ah ! pardon !

GLOCESTER.

Voilà comme on me traite,
Et l'on vient s'excuser lorsque l'insulte est faite,
Jugez de l'avenir qui s'annonce pour vous :
On prétend gouverner le fils comme l'époux.
Si je n'ai pu dompter ma trop juste colère,
De mon royal neveu la leçon fut sévère,

Et vous apprend, milords, que, muets sous l'affront,
Vous devez le subir sans relever le front.
Je saurai toutefois combattre une influence
Qui peut des nobles pairs alarmer la prudence.
Je le veux; et la Tour est l'asile assuré
Où nous veillerons tous sur un dépôt sacré.

ÉLISABETH.

Nous séparez-vous?

GLOCESTER.

Non: vous le verrez sans cesse;
Et par raison, j'espère, autant que par tendresse,
Vous lui répèterez que je tiens d'Édouard
Un pouvoir dont son rang l'affranchira plus tard;
Mais qu'aujourd'hui le roi, soumis à ma puissance,
Si je lui dois respect, me doit obéissance.

ÉDOUARD.

Je suis loin d'attenter à ces droits souverains
Que mon père en mourant déposa dans vos mains;
Mais respectez sa veuve à l'égal de lui-même,
Ou je n'attendrai pas, portant son diadème,
Que son ombre me dise une seconde fois :
Mon fils, venger sa mère est le plus saint des droits.

(à Élisabeth.)

Sortons : de ces débats prolonger le scandale,
C'est abaisser par trop la majesté royale.
Venez, reine.

GLOCESTER, aux seigneurs de la cour.

Milords, je ne vous retiens pas.

(à Édouard, en prenant un flambeau.)

Votre premier sujet va précéder vos pas.

ÉDOUARD.

Épargnez-vous ce soin.

GLOCESTER, marchant devant lui.

Un tel devoir m'honore.

LE DUC D'YORK, à Édouard.

Tu viens d'agir en roi : je t'aime plus encore.

ÉLISABETH, arrêtant Glocester.

Ah! par pitié, mon frère, un mot!

GLOCESTER, donnant le flambeau à Tyrrel, qui est entré vers la fin de la scène.

Remplacez-nous, Gouverneur de la Tour.

(Tout le monde sort, excepté Glocester et la reine.)

SCÈNE X.

GLOCESTER, ÉLISABETH.

GLOCESTER.

Parlez, que voulez-vous?
J'écoute, milady.

ÉLISABETH.

Sans colère?

ACTE II, SCÈNE X.

GLOCESTER.

J'écoute.

ÉLISABETH.

Sur ce qui m'alarmait je n'ai plus aucun doute,
Aucun; soyez-en sûr.

GLOCESTER.

Doutez, ne doutez point;
Que m'importe?

ÉLISABETH.

Avant peu si Rivers vous rejoint,
Comme vous l'affirmez...

GLOCESTER.

La reine en sa présence
Voudra bien par bonté croire à mon innocence.
Confiance admirable!

ÉLISABETH.

Ah! j'y crois maintenant,
Je connais mon erreur: j'y crois.

GLOCESTER.

En frissonnant.

ÉLISABETH.

Lui, condamné par vous! il ne pouvait pas l'être;
L'effroi me rendait folle; il respire.

GLOCESTER.

Peut-être,

ÉLISABETH.

Aux jours de Buckingham on n'a pas attenté!

GLOCESTER.

Pourquoi pas?

ÉLISABETH.

J'étais folle, oui, folle en vérité.
Me voilà de sang-froid; voyez : je suis tranquille.
Mes enfans, grace à vous, ont la Tour pour asile.

GLOCESTER.

Je leur veux tant de mal!

ÉLISABETH.

Ils seraient bien ingrats,
S'ils pouvaient le penser.

GLOCESTER.

Pas du tout.

ÉLISABETH.

Dans vos bras,
Sous vos yeux, il n'est rien que pour eux je redoute...
Pourtant dans cet écrit...

GLOCESTER.

Encor!...

ÉLISABETH.

C'est qu'on ajoute...
Pardon!

GLOCESTER.

Quoi?

ÉLISABETH.

Qu'à la Tour... Mais c'est faux, je le sais.

GLOCESTER.

Achevez : qu'à la Tour?...

ÉLISABETH.

Leurs jours sont menacés.

(vivement.)

Mais je ne le crois pas ; non, je vous le proteste.

GLOCESTER.

Pourquoi donc? Milady, c'est vrai comme le reste.

ÉLISABETH.

D'un soupçon outrageant, pardon! cent fois pardon!
Ah! je vous le demande avec tout l'abandon,
L'amour, le désespoir d'une mère éperdue :
Que leur vie en danger soit par vous défendue.

GLOCESTER, avec douceur.

Calmez-vous donc; quel bras peut les atteindre ici?

ÉLISABETH.

O mon Dieu! de Rivers vous me parliez ainsi.

GLOCESTER, en souriant.

Sans doute.

ÉLISABETH.

C'est ainsi que je vous vis sourire.

GLOCESTER.

Eh bien?

ÉLISABETH, avec explosion.

Rivers est mort!

GLOCESTER.

Vous osez le redire?

ÉLISABETH.

Oui, contre l'évidence en vain je me défends :
Oui, mort; et vous voulez tuer mes deux enfans!

GLOCESTER.

Moi!

ÉLISABETH.

Vous, leur protecteur, leur père!... C'est horrible!
Et c'est vrai cependant, c'est vrai, mais impossible.
Vous ne le pourrez pas : je serai là, debout,
Sur le seuil de leur porte, à leur chevet, partout,
Et le jour, et la nuit, sans sommeil, sans relâche,
L'œil ouvert, la main prête à repousser un lâche,
Un monstre...

GLOCESTER.

Milady!

ÉLISABETH, qui le regarde en face.

Je n'ai pas peur de vous.
Buckingham vit; il s'arme, il soulève pour nous
Ses partisans, les miens, le peuple, Londre entière;
Il viendra, nous viendrons, lui, tous, moi la première,
Les sauver, vous punir.

GLOCESTER.

Mère imprudente, assez !
Savez-vous qui je suis, et qui vous menacez?

ÉLISABETH.

Je ne menace pas : j'implore, je conjure,
Par mes pleurs, par leur sang, au nom de la nature,
Au nom de leur danger... Il m'inspire; écoutez :
Vous le disiez tantôt, leurs droits sont contestés.
Pourquoi donc les tuer ces deux tendres victimes?
S'ils sont de mes amours les fruits illégitimes,
Leurs droits n'existent plus, ils vivent; vous régnez.

GLOCESTER.

Qu'entends-je ?

ÉLISABETH.

C'est en vain que vous vous indignez.
Crime ou non, j'y consens : leurs droits, je vous les donne;
En les déshéritant ma honte vous couronne.
Je l'accepte et la veux. Quel fut mon suborneur ?
Choisissez, je le prends. Pour me perdre d'honneur,
Quel aveu vous faut-il? parlez, je m'y résigne.
Quel serment? je le fais; quel écrit? je le signe.
S'il faut, pour le sauver, que le fils d'Édouard
Soit... ah ! l'horrible mot ! un bâtard ! un bâtard !
Eh bien ! il le sera : je signe tout.

GLOCESTER.

Vous, reine !

Vous me feriez penser qu'on a dit vrai.

ÉLISABETH.

La haine
Le croira, le dira; que m'importe? ils vivront.
Pour prix du déshonneur imprimé sur mon front,
Pour prix du crime enfin dont je me rends coupable,
Car c'en est un, milord, affreux, abominable,
Rendez, rendez-les-moi ces enfans adorés!
Rendez-moi mes deux fils! Ah! vous me les rendrez.
Pitié! C'est à genoux, mains jointes, que leur mère
Vous demande pitié...

GLOCESTER.

C'en est trop.

ÉLISABETH.

Ah! mon frère!
Mon roi!...

GLOCESTER.

De vos affronts ce titre est le plus grand.
M'immoler vos deux fils en les déshonorant!

ÉLISABETH, s'attachant à ses vêtemens.

Pitié!

GLOCESTER, qui la repousse.

Pour m'épargner l'horreur de vous entendre,
Je sors.

SCÈNE XI.

ÉLISABETH, se relevant.

C'est donc à toi, mon Dieu, de me les rendre !
Cherche-leur des vengeurs; tu leur en trouveras.
Où courir?... je l'ignore : où tu me conduiras.
Mais le soin de leurs jours dans ces murs te regarde :
Que ton œil soit sur eux; que ton bras me les garde;
Tu m'en réponds, grand Dieu! moi, prête à tout braver,
Je veux bien mourir, moi; mais je veux les sauver.

FIN DU DEUXIÈME ACTE.

ACTE TROISIÈME.

Une chambre à la Tour ; une fenêtre dont les rideaux sont fermés ; une porte latérale, et une autre dans le fond, au-dessus de laquelle est une ouverture garnie de barreaux ; un lit où couchent les deux princes.

SCÈNE I.

ÉDOUARD, assis sur le lit ; LE DUC D'YORK,
sur un siége, près de lui, tenant un livre.

LE DUC D'YORK.

De m'écouter, milord, vous me ferez la grace,
Ou je ne lirai plus.

ÉDOUARD.

La lecture me lasse.

LE DUC D'YORK.

Voyez sur ce fond d'or la Madeleine en pleurs ;
(tournant la page.)
Du dragon de saint George admirez les couleurs.

ÉDOUARD.

Je l'ai tant vu, Richard !

LE DUC D'YORK.

Eh bien ! mon cher malade
Veut-il que je lui chante une vieille ballade ?

ÉDOUARD.

Non.

LE DUC D'YORK.

Irai-je danser, pour l'égayer un peu?

ÉDOUARD.

Reste.

LE DUC D'YORK.

Veut-il jouer?

ÉDOUARD.

Je n'ai pas cœur au jeu.

LE DUC D'YORK, se levant.

Je me dépite enfin.

ÉDOUARD.

Tu me laisses?

LE DUC D'YORK.

Que faire?
On vous propose tout; rien ne peut vous distraire.

ÉDOUARD.

C'est que je souffre.

LE DUC D'YORK, revenant.

Ami, conte-moi tes tourmens.
Aussi, pourquoi nourrir ces noirs pressentimens?
Quand sans bruit, ce matin, j'ai quitté notre couche,
Tu dormais; des sanglots s'échappaient de ta bouche.

ÉDOUARD.

Verrai-je donc toujours ces roses de Windsor!

LE DUC D'YORK.

Un rêve t'agitait; il te poursuit encor :
Dis-le-moi.

ÉDOUARD.

Tu rirais.

LE DUC D'YORK.

Pourquoi ? s'il est terrible,
Je promets d'avoir peur; parle.

ÉDOUARD.

C'est impossible.
Il était si confus, si vague!

LE DUC D'YORK.

Je le veux.

ÉDOUARD.

Pour le couronnement on nous cherchait tous deux.
Je t'ai dit : « Viens, Richard, ma mère nous appelle; »
Et, te prenant la main, je voulais fuir, près d'elle,
Un tigre dont les yeux semblaient nous menacer.
Mes pieds marchaient, couraient sans pouvoir avancer;
Et toujours, mais en vain.

LE DUC D'YORK.

Oh! c'est vrai : dans un rêve
On s'élance, on veut fuir; on ne peut pas. Achève.

ÉDOUARD.

Tout à coup à Windsor je me crus transporté.
Le feuillage tremblait par les vents agité ;

Leur souffle tiède et lourd annonçait un orage
Pour deux pâles boutons qui, presque du même âge,
Sur un même rameau confondant leur parfum,
L'un à l'autre enlacés, semblaient n'en former qu'un.
Unis comme eux, Richard, nous admirions leurs charmes.
En voyant l'eau du ciel qui les couvrait de larmes,
Je les pris en pitié sans deviner pourquoi,
Et tu me dis alors : « Mon frère, un d'eux, c'est toi ;
L'autre, c'est moi. » Soudain le fer brille. O prodige !
Le sang par jets vermeils s'échappe de leur tige.
Comme si c'était moi qui le perdais, ce sang,
Mon cœur vint à faillir; ma main en se baissant,
Pour chercher dans la nuit leurs feuilles dispersées,
Toucha de deux enfans les dépouilles glacées.
Puis je ne sentis plus ; mais j'entendis des voix
Qui disaient : « Portez-les au tombeau de nos rois. »

LE DUC D'YORK.

J'en suis encore ému... Cette fois je me fâche ;
C'est ta faute, Édouard : tu sembles prendre à tâche
D'offrir à ton esprit mille objets attristans,
Et puis tu dis après : « Je souffre !... » Il est bien temps !
Au lieu de te livrer à la mélancolie,
Lève-toi ; viens, courons, faisons quelque folie.
Aussi gai qu'un beau jour, j'étends à mon réveil,
Comme les papillons, mes ailes au soleil,
Et me voilà parti, sautant, volant...

ÉDOUARD.

L'espace?

Il te manque, Richard.

LE DUC D'YORK.

D'accord; mais je m'en passe,
Ou, pour donner le change à ma captivité,
Je maudis mon cher oncle en toute liberté.
Suis mon exemple; allons! la colère soulage.

ÉDOUARD.

Devais-je m'emporter jusqu'à lui faire outrage?
On le calomniait, il s'en est indigné.
A souffrir cet affront qui se fût résigné?
Quand un roi sent ses torts, il faut qu'il les répare.

LE DUC D'YORK.

Ne t'en avise pas, ou, je te le déclare,
Je te fuis.

ÉDOUARD, en souriant.

Si tu peux.

LE DUC D'YORK.

Alors, j'ai donc raison,
Puisque tu reconnais qu'il nous tient en prison.

ÉDOUARD.

Lui!

LE DUC D'YORK.

Depuis trois grands jours.

ÉDOUARD.

Non, ta haine exagère.

LE DUC D'YORK.

Si nous n'étions captifs, nous aurions vu ma mère.

ÉDOUARD.

C'est trop vrai.

LE DUC D'YORK.

De la Tour le nouveau gouverneur...

ÉDOUARD.

Sir Tyrrel?

LE DUC D'YORK.

J'en conviens, c'est un homme d'honneur,
Qui, se prenant pour moi d'une folle tendresse,
Se plaît à me conter les tours de sa jeunesse.
Eh bien! tout bon qu'il est, au fond c'est un geôlier.

ÉDOUARD.

Je te trouve avec lui beaucoup trop familier.

LE DUC D'YORK.

Sois digne; tu le dois. Mais moi, je le ménage;
J'ai découvert son faible, et j'en prends avantage.
S'il nous vient du dehors quelques jeux ou des fruits,
Quelque livre attachant qui trompe nos ennuis,
C'est lui qui le veut bien.

ÉDOUARD.

Il fait plus : il nous laisse
Sur le balcon voisin sortir quand le jour baisse.

ACTE III, SCÈNE I.

LE DUC D'YORK.

Là, je rêve à mon tour, mais plus gaîment que toi :
Je fends l'azur du ciel qui s'ouvre devant moi ;
Libre, je rends visite à la terre, aux étoiles ;
Sur la Tamise en feu je suis ces blanches voiles,
Ces barques dont la lune enflamme les sillons,
Et je me laisse à bord glisser dans ses rayons.

ÉDOUARD.

Que ne pouvais-je hier voler avec la brise
Vers cette femme en deuil sur une pierre assise !
C'était ma mère.

LE DUC D'YORK.

        Hélas !

ÉDOUARD.

           Je la vis le premier.

LE DUC D'YORK.

Non, c'est moi.

ÉDOUARD.

          C'est bien moi. Je n'osais pas crier ;
Les bras tendus, l'œil fixe et l'oreille attentive,
J'écoutais les sanglots de cette ombre plaintive.
Que de fois dans les airs mon mouchoir a flotté !

LE DUC D'YORK.

Quel bonheur quand le sien vers nous s'est agité !
Mais tous nos signes vains, mais nos baisers sans nombre
Se sont perdus bientôt dans les vents et dans l'ombre.

ÉDOUARD.

Nous ne la verrons plus.

LE DUC D'YORK.

Conserve donc l'espoir.
Nous la verrons, te dis-je, aujourd'hui, dès ce soir ;
Ami, c'est sans raison qu'aux terreurs tu te livres.
Chut ! j'entends sir Tyrrel.

SCÈNE II.

Les mêmes, TYRREL.

TYRREL.

Milords, voici des livres.

(il les dépose sur la table.)

L'archevêque d'York, en vous les adressant,
Vous offre ses respects.

ÉDOUARD.

Je suis reconnaissant.

LE DUC D'YORK.

Bon archevêque ! il pense à nos longues soirées ;
Aussi les deux captifs baisent ses mains sacrées.

TYRREL.

Vous, captifs !

ÉDOUARD.

Je le crois.

ACTE III, SCÈNE II.

TYRREL.

Peut-être pour un jour
Un vieil usage encor vous confine à la Tour;
Triste noviciat d'une grandeur prochaine :
De l'ennui l'étiquette est cousine germaine;
Mais vous croire captifs!

LE DUC D'YORK.

De notre liberté
Sir Tyrrel à vingt ans se fût-il contenté?

TYRREL.

Moi qui n'ai pas, milords, votre aimable innocence,
En fait de liberté, j'aime un peu la licence;
Mais j'ai tort, ainsi donc ne me consultez pas.

LE DUC D'YORK.

Moins on goûte ce bien, et plus il a d'appas.
Celui qui me rendrait ma liberté ravie
Serait récompensé par-delà son envie.

TYRREL.

Le régent ne veut pas prolonger vos regrets,
Et du couronnement il presse les apprêts.

ÉDOUARD.

C'est sûr?

TYRREL.

Vous ne pouvez manquer à cette fête.

LE DUC D'YORK.

Ni vous non plus, sir Jame, et je vous tiendrai tête :

Nous porterons tous deux sa royale santé.

TYRREL.

Tant que milord voudra.

LE DUC D'YORK.

Quelle docilité ! .
Et, comme on vous connaît certaine fantaisie,
On vous fera raison avec du Malvoisie.

TYRREL.

C'est un ancien ami fêté dans mes beaux jours ;
Il m'a trahi, l'ingrat ! mais je l'aime toujours.

ÉDOUARD.

Comment?

TYRREL.

Je ris, milord.

LE DUC D'YORK, en montrant Tyrrel.

Oh! j'en sais sur son compte,
Bien qu'il m'en cache encor plus qu'il ne m'en raconte.

TYRREL.

(à Richard.) (à part, avec attendrissement.)

C'est vrai.—Comme il ressemble à mon pauvre Tomy !
Je crois le voir.

ÉDOUARD.

Sir Jame, êtes-vous notre ami?

TYRREL.

N'en doutez point.

ÉDOUARD.

D'un fils accueillez la demande.

LE DUC D'YORK, prenant la main de Tyrrel et le caressant.

Il m'aime tant! pour moi sa complaisance est grande.
Il ferait tout pour moi, n'est-ce pas?

ÉDOUARD, lui prenant la main de l'autre côté.

Voulez-vous
Que ma mère à la Tour passe une heure avec nous?

TYRREL, embarrassé.

Jusqu'ici sans obstacle elle fût parvenue,
Si...

LE DUC D'YORK.

Pourquoi nous tromper? je sais qu'elle est venue.

TYRREL.

Vous, milord?

LE DUC D'YORK.

C'est mon cœur qui me le révéla :
Ses battemens tantôt m'ont dit qu'elle était là.

ÉDOUARD, à Tyrrel.

Promettez!

TYRREL.

Je ne puis.

LE DUC D'YORK, montrant à Tyrrel sa main pleine de guinées.

Eh bien! j'en cours la chance :
Toutes ces pièces d'or contre un mot d'espérance!
Promettez, si je gagne.

TYRREL.

Ah! milord!...

LE DUC D'YORK.

Pair, ou non?

ÉDOUARD.

Richard!

LE DUC D'YORK.

Allons, Tyrrel!

TYRREL, enchanté.

Charmant petit démon!
Pair.

LE DUC D'YORK.

(avec tristesse.)

Comptons. — J'ai perdu.

TYRREL.

Sa douleur me fait peine.

(ramassant les guinées qui sont sur la table.)

C'est mon bien, je le prends... Mais vous verrez la reine,
Vous la verrez.

ÉDOUARD.

Vraiment?

TYRREL.

Oui, j'en donne ma foi.

LE DUC D'YORK, l'embrassant.

Je t'ai dupé, Tyrrel; je gagne plus que toi.

ACTE III, SCÈNE II.

TYRREL.

(à part.) (haut.)

Son baiser m'a fait mal. — La soirée est si belle !
Sur le balcon, milords, sa fraîcheur vous appelle :
Voulez-vous en jouir ?

LE DUC D'YORK.

De grand cœur.

ÉDOUARD, à Tyrrel, qui est allé ouvrir la porte.

A revoir !

(revenant.)

Sir Jame est trop loyal pour tromper notre espoir.

TYRREL.

Milord, comptez sur moi.

LE DUC D'YORK.

J'y compte et je te quitte.

(revenant.)

D'une dette d'honneur dans le jour on s'acquitte.

TYRREL.

A qui le dites-vous ?

LE DUC D'YORK.

Adieu !

(Il sort en sautant.)

SCÈNE III.

TYRREL, seul.

L'aimable enfant!
Sans regretter son or, il s'en va triomphant;
(après une pause.)
Il sera beau joueur. — Même beauté! même âge!
J'ai cru sentir encor passer sur mon visage
Ces lèvres qui jadis... Non, froides pour jamais!
Plus jamais de baisers des lèvres que j'aimais!
Mortes, mortes!... Pourquoi cette retraite austère?
Le sacre dans deux jours va les rendre à leur mère;
Qu'ils l'embrassent plus tôt, le mal n'est pas si grand.
La reine est là, chez moi, priant tout bas, pleurant,
Toujours là, comme un marbre, immobile à sa place.
Nous autres vieux pécheurs, dont le cœur est de glace
Contre des pleurs de femme, un enfant nous émeut:
Ce petit vaurien-là fait de moi ce qu'il veut.
Ah! c'est qu'il lui ressemble!... On s'approche; silence!
La lueur des flambeaux m'annonce sa présence,
C'est le régent. Sans doute il vient leur déclarer
Qu'on a fixé le jour qui doit les délivrer.

SCÈNE IV.

GLOCESTER, TYRREL.

(Un officier de la Tour, qui précède le régent, pose un flambeau sur la table, et se retire.)

GLOCESTER.

Où sont-ils?

TYRREL, montrant la porte latérale.

Là, milord.

GLOCESTER.

Va fermer cette porte.

TYRREL.

Si c'est la liberté que votre grace apporte,
Je vais les appeler.

GLOCESTER.

N'as-tu pas entendu?

(à Tyrrel, qui revient après avoir obéi.)

Buckingham vit, Tyrrel.

TYRREL.

Il s'est bien défendu.

GLOCESTER.

Tu l'as mal attaqué.

TYRREL.

J'affirme le contraire;
Mais après tout, milord, coup nul : c'est à refaire.

GLOCESTER.

J'attendais mieux de toi.

TYRREL.

Si le temps m'eût permis
De prendre pour seconds deux de mes bons amis...

GLOCESTER.

Qui se nomment?

TYRREL.

Dighton et Forrest; je vous jure
Qu'en dépit du hasard la partie était sûre.

GLOCESTER.

Jusqu'à moi ces noms-là ne sont point parvenus.

TYRREL.

Leur grand défaut pourtant n'est pas d'être inconnus.

GLOCESTER.

Ces gens sont sous ta main?

TYRREL.

Et dès lors sous la vôtre.

GLOCESTER.

Ils pourront avant peu me servir l'un et l'autre.

TYRREL.

Parlez, ils frapperont.

GLOCESTER.

Toi présent.

TYRREL.

Me voici.

ACTE III, SCÈNE IV.

GLOCESTER.

Sous mes yeux.

TYRREL.

Quand, milord?

GLOCESTER.

Ce soir.

TYRREL.

Où donc?

GLOCESTER, indiquant le lit du doigt.

Ici.

TYRREL, avec horreur.

Quoi! le régent voudrait...

GLOCESTER.

C'est le roi d'Angleterre
Qui te parle et qui veut.

TYRREL.

Le roi!

GLOCESTER.

Pourquoi le taire?
Nos prélats et nos lords m'ont proclamé.

TYRREL.

Vous!

GLOCESTER.

Moi.

TYRREL.

Mais le peuple...

GLOCESTER.

Le peuple a dit : Vive le roi !
Que voulais-tu qu'il dît?... Qu'importe la personne?
Vive le roi, pour lui, c'est Vive la couronne.
Le sacre dès demain la mettra sur mon front.
Buckingham et les siens contre moi s'armeront;
Ils veulent m'arracher mes captifs par la force,
Et, pour jeter au peuple une trompeuse amorce,
Répandent qu'Édouard m'apparaîtra demain,
Libre dans Westminster et le sceptre à la main.
Comme il suffit, Tyrrel, d'un roi dans un royaume,
Je veux, s'il m'apparaît, qu'il ne soit qu'un fantôme.

TYRREL.

Ah ! celui-là, milord, troublera mon sommeil.
Si vous les aviez vus, hier, à leur réveil,
Les yeux encor fermés, le plus jeune des frères
Tenant encore entre eux ce livre de prières !
Leurs bras nus se cherchaient l'un vers l'autre étendus;
Sur ce lit leurs cheveux retombaient confondus;
Leurs bouches qui s'ouvraient comme pour se sourire,
Semblaient avoir en songe un mot tendre à se dire.
Si vous les aviez vus, vous-même épouvanté,
Devant tant d'abandon, de grace et de beauté,
Vous auriez dit, milord : il faut trop de courage
Pour détruire du ciel le plus charmant ouvrage.

GLOCESTER.

Pourtant tu m'appartiens.

TYRREL.

Oui, je me suis donné ;
Oui, vendu pour de l'or, vendu comme un damné ;
Je l'ai reçu cet or, et, s'il fallait le rendre,
Il est déjà trop loin pour savoir où le prendre.
Désignez donc un homme, et son sang vous est dû ;
Un homme, et j'obéis, car je me suis vendu :
Mais deux enfans si beaux, deux faibles créatures,
M'appelant, murmurant mon nom dans leurs tortures,
Les étouffer !

GLOCESTER.

(le contenant.)

Tyrrel !

TYRREL.

Pourquoi ? Sous les verroux
Qu'ils vivent pour moi seul, et qu'ils soient morts pour tous.
Mort comme eux, je veux bien garder leur sépulture ;
Je m'y plonge. Ou plutôt qu'Édouard sous la bure,
Par les ciseaux d'un moine à l'autel couronné,
Ait pour royaume un cloître où je l'aurai traîné.
Je l'y traîne, et le laisse au fond de sa retraite ;
Car je suis, j'en conviens, mauvais anachorète.
Mais l'autre, je l'emmène en France, à l'étranger,
Loin, si loin, que sa vie est pour vous sans danger ;

Je lui donne les mœurs, les goûts que j'ai moi-même,
Mes vices, s'il le faut... Que voulez-vous? je l'aime...
J'aime en lui le seul bien qui m'ait coûté des pleurs :
Mon Tomy, mon trésor de joie et de douleurs,
L'astre qui rayonnait sur mes nuits enivrantes,
L'enfant qui m'a baisé de ses lèvres mourantes.
Traitez-moi de rêveur, de fou, si vous voulez;
Mais quand je vois ses yeux, ses longs cheveux bouclés,
Je me sens tressaillir jusqu'au fond des entrailles;
Lorsque leurs cris aigus frapperaient ces murailles,
C'est de mon fils, milord, que j'entendrais les cris :
Je ne peux pas pour vous assassiner mon fils.

GLOCESTER.

(à part.) (à Tyrrel.)

Je l'avais dit, pas un! — Allons, calme ta tête.
A ton projet, Tyrrel, il se peut qu'on s'arrête :
C'est accorder leur vie avec ma sûreté.
Nous y réfléchirons; mais reprends ta gaîté.
Quelques joyeux amis, que le plaisir amène,
Viennent fêter ici ma royauté prochaine.

TYRREL.

Cette nuit?

GLOCESTER.

A demain les travaux importans!
Pour cette nuit encor revenons à vingt ans;
Sois l'homme d'autrefois. Je veux que cette orgie

Surpasse en beau désordre, en brûlante énergie,
En joie, en mets exquis, comme en vins généreux,
Tous tes vieux souvenirs retrempés dans ses feux.

TYRREL.

Non, milord.

GLOCESTER.

Refuser, qui? toi! C'est impossible.
Pourquoi?

TYRREL.

Non, par pitié : mon ivresse est terrible.

GLOCESTER.

Aussi je compte bien que sir Jame aujourd'hui
Saura devant son roi rester maître de lui.
Craint-il de n'avoir pas une tête assez forte
Pour calculer les points que le dé nous apporte?

TYRREL, vivement.

On joûra?

GLOCESTER.

Des trésors : tes yeux vont s'enflammer,
Lorsque sur le tapis tu verras s'abîmer,
S'engloutir en un coup plus d'or, plus de richesse,
Que n'en ont dévoré vingt nuits de ta jeunesse.

TYRREL, à part.

Oh! le démon me tente.

GLOCESTER.

Oui, trésor sur trésor,

Risqués par nous, perdus, gagnés, perdus encor,
Tandis que dans sa course un bol intarissable,
Dont les flots à plein bord circulent sur la table,
Dont la vapeur s'exhale en parfumant les airs,
Aux reflets des enjeux vient mêler ses éclairs.
Ils sont aux mains; l'or brille, et le punch étincelle;
Veux-tu laisser languir la veine qui t'appelle?
Veux-tu laisser mourir ta fortune en espoir?
Le veux-tu ?... Libre à toi!

TYRREL.

J'irai.

GLOCESTER, avec indifférence.

Si le devoir,
Le scrupule est plus fort...

TYRREL.

J'irai.

GLOCESTER, de même.

Suis ton envie.

TYRREL.

Je ne puis reculer sans mentir à ma vie.

GLOCESTER.

Sans te perdre d'honneur.

TYRREL.

Longs jours à Richard-Trois,
Et bonheur à Tyrrel!

ÉDOUARD, en dehors.

Sir Jame!

TYRREL.

C'est sa voix;
C'est Édouard.

GLOCESTER, froidement.

Eh bien! qu'as-tu donc?

TYRREL.

Rien.

GLOCESTER.

Qu'il vienne.

(à part, tandis que Tyrrel va ouvrir la porte.)

Quand j'achète ton bras, c'est pour qu'il m'appartienne,
Pitoyable rêveur!

SCÈNE V.

LES MÊMES, ÉDOUARD.

ÉDOUARD, à Tyrrel.

Entendez-vous ces cris?
A ces joyeux transports nous sommes-nous mépris?
Annoncent-ils le jour de notre délivrance?...

(apercevant Glocester.)

Ah! milord, confirmez cette douce espérance:
Venez-vous nous chercher?

GLOCESTER, qui fait un pas pour se retirer.

Pas encor.

ÉDOUARD.

Vous sortez?

GLOCESTER.

Réclamés par l'État, mes instans sont comptés ;
Je les dois au travail.

ÉDOUARD.

Est-ce pour hâter l'heure
Où nous devons quitter cette triste demeure ?
Que j'en serais touché !

GLOCESTER.

D'ailleurs je dois penser
Que ma vue importune ici pourrait lasser.

ÉDOUARD.

Ah ! vous me jugez mal, et j'ai l'ame assez haute
Pour savoir, au besoin, reconnaître une faute.
Je n'ai pu maîtriser mon premier mouvement;
Mais je le crois injuste, et mon cœur le dément.
Séparons-nous tous deux sans haine et sans colère.

(avec tendresse.)

Un fils trouve toujours grâce devant son père :
Pardonnez-moi, milord.

GLOCESTER.

Ah ! croyez...

ÉDOUARD.

Votre main?

(en souriant, après l'avoir baisée.)

Quand le sacre?

GLOCESTER, le baisant sur le front.

Le roi sera sacré demain.

(à Tyrrel.)

Nous t'attendons.

SCÈNE VI.

ÉDOUARD, TYRREL.

ÉDOUARD.

Demain! comprenez-vous ma joie?
Demain!

TYRREL, à part.

Quoi qu'il arrive, il faut qu'il la revoie.

(à Édouard.)

Appelez votre frère.

ÉDOUARD.

Eh! pourquoi?

TYRREL.

J'ai promis:
Je tiendrai mon serment.

ÉDOUARD.

Je n'ai que des amis,

Que du bonheur ce soir.

TYRREL.

Elle est chez moi.

ÉDOUARD.

La reine?

TYRREL.

Cachée à tous les yeux; je cours, et je l'amène.

ÉDOUARD, appelant son frère.

Richard!... Pour mieux jouir de son étonnement,
Ne disons rien d'abord.

SCÈNE VII.

ÉDOUARD, LE DUC D'YORK.

LE DUC D'YORK.

Je cherchais vainement :
Sur la pierre déserte elle n'est pas venue.

ÉDOUARD.

C'est triste.

LE DUC D'YORK.

Sans effort je l'aurais reconnue ;
L'astre que j'admirais jette un éclat si pur,
Si vif, qu'en la voyant j'aurais pu, j'en suis sûr,
Distinguer aujourd'hui ses pleurs ou son sourire.

ÉDOUARD.

Tu crois?

ACTE III, SCÈNE VII.

LE DUC D'YORK.

Que dans ses yeux les miens auraient pu lire.

ÉDOUARD.

Tu vas la voir bien mieux.

LE DUC D'YORK.

Ici?

ÉDOUARD.

Dans un moment;
Et c'est demain le jour de mon couronnement.
Le régent me l'a dit.

LE DUC D'YORK.

Salut, roi d'Angleterre!
A milord protecteur nous ferons bonne guerre.

ÉDOUARD.

Plus de vengeance, ami, soyons tout à l'espoir.

LE DUC D'YORK.

La liberté demain!

ÉDOUARD.

Et ma mère ce soir!

LE DUC D'YORK.

Ma mère entre nous deux! Édouard, quelle ivresse!
La voici!...

SCÈNE VIII.

Les mêmes, ÉLISABETH, TYRREL.

TYRREL.

Milady m'en a fait la promesse?

ÉLISABETH.

Dès que vous paraîtrez, je sortirai d'ici.

TYRREL, à part.

Ils sont tous trois heureux : tâchons de l'être aussi.

SCÈNE IX.

ÉDOUARD, LE DUC D'YORK, ÉLISABETH.

(La reine tombe sur un siége, et se met à fondre en larmes sans parler.)

LE DUC D'YORK, à son frère.

Elle pleure, Édouard !

ÉDOUARD.

Sa douleur me déchire.

LE DUC D'YORK.

Ma mère, à vos enfans n'avez-vous rien à dire?

ÉLISABETH.

Malheureuse !

ÉDOUARD.

Ah ! parlez.

LE DUC D'YORK.

Un d'eux n'est-il pas roi?

ÉLISABETH, lui mettant la main sur la bouche.

Ce titre, c'est la mort : tais-toi! Richard, tais-toi!

ÉDOUARD.

Qu'entends-je!

LE DUC D'YORK.

L'Angleterre a-t-elle un nouveau maître?

ÉLISABETH.

Qu'on proclame aujourd'hui, qu'on vient de reconnaître;

(à Édouard.)

Et c'est sous le bandeau pour ton front préparé
Qu'à la face du ciel il doit être sacré.

ÉDOUARD.

Quel est-il donc?

ÉLISABETH.

Celui qu'à son heure suprême
Votre père choisit comme un autre lui-même,
Qu'il pressa dans ses bras, qu'il entoura des miens,
En disant : « Glocester, que mes fils soient les tiens! »

ÉDOUARD.

Glocester!

LE DUC D'YORK.

Lui régner!

ÉDOUARD.

Et du fond de sa tombe

Édouard ne peut rien pour sa race qui tombe,
Rien pour ses deux enfans !

LE DUC D'YORK.

N'avons-nous plus d'amis?

ÉLISABETH.

Parlons bas ; un espoir nous est encor permis.

(avec un peu d'égarement.)

L'archevêque d'York... ce protecteur vous reste ;
Mais que peut un vieillard qui pour vos droits proteste?
Il est vrai qu'à sa voix nos pontifes divins...
Sans doute ils l'oseront... Mais leurs projets sont vains,
Si Buckingham... Mais lui... Quel chaos dans ma tête !
Pour chercher ma pensée, il faut que je m'arrête.

LE DUC D'YORK, après une pause.

Achevez.

ÉLISABETH.

Je disais... quoi?... qu'ai-je dit, Richard?

(vivement.)

Qu'ils forceront la Tour.

LE DUC D'YORK.

Vous l'espérez ?

ÉLISABETH.

Trop tard ;
Me comprends-tu? trop tard. Attendre, encore attendre !
Tout un jour, chez Tyrrel, languir sans rien apprendre !
Vous-mêmes, n'avez-vous aucun avis secret?

ACTE III, SCÈNE IX.

ÉDOUARD.

Aucun.

ÉLISABETH.

Que font-ils donc? quoi! rien! pas un billet!
Visitez avec soin tout ce qu'on vous adresse.
Grand Dieu! si jusqu'à vous par force ou par adresse,
Au moment où je parle, ils s'ouvrent des chemins;
Si...que dis-je? à toute heure, à chaque instant, ses mains,
Ses deux mains pour frapper sur vous peuvent s'étendre!

(Les saisissant avec transport dans ses bras.)

Écoutez!

LE DUC D'YORK.

Qu'avez-vous?

ÉLISABETH.

Hélas! j'ai cru l'entendre;
J'ai cru vous embrasser pour la dernière fois;
Et j'en bénissais Dieu : nous serions morts tous trois.

ÉDOUARD.

Non, pas vous!

ÉLISABETH.

Il faudra que je vous abandonne;
Mon devoir m'y contraint. Votre danger m'ordonne
De revoir vos amis, d'attendrir, de pousser,
D'enflammer ces cœurs froids que la peur vient glacer.
Oui, je le dois. D'ailleurs, pour peu que je balance,
Tyrrel aura recours même à la violence;

Et que deviendrez-vous, si j'ose l'irriter?

(prenant le duc d'York à part.)

Richard, que je te parle avant de te quitter!

(à voix basse.)

Tu ne veux pas, mon fils, que ton frère périsse :
Dis-lui donc, toi qu'il aime, oh! dis-lui qu'il fléchisse..

LE DUC D'YORK.

Quoi! devant Glocester!

ÉDOUARD, qui a prêté l'oreille.

Moi, fléchir! moi, céder!

ÉLISABETH.

Mais, malheureux enfant, s'il veut te poignarder,
Il le peut.

ÉDOUARD.

Je l'attends.

LE DUC D'YORK.

Qu'il ose l'entreprendre:
J'ai du cœur, de la force, et j'irai te défendre,
Te couvrir de mon corps....

ÉDOUARD.

Richard!

LE DUC D'YORK.

Mourir pour toi.

ÉLISABETH.

Mais vous mourrez tous deux!

LE DUC D'YORK.

Eh bien ! tous deux.

ÉLISABETH, avec désespoir en tombant assise.

Et moi !...

(Les deux princes s'élancent vers elle; Édouard à ses genoux, et Richard sur son sein.)

Moi, je resterai donc seule dans la nature,
Ignorant jusqu'au lieu de votre sépulture;
Sans que même à voix basse on ose le nommer;
Sans avoir, après vous, rien que je puisse aimer;
Non, rien; pas un tombeau, pas une froide pierre,
Où portant, chaque soir, mon deuil et ma prière,
Fidèle au rendez-vous, je dise : les voilà !
Quand Dieu voudra de moi, je les rejoindrai là.

ÉDOUARD.

Mourir et vous quitter !... hélas ! j'aimais la vie.
Avec quel dévoûment je vous aurais servie !
Sans rougir, dans l'exil, j'aurais de mes sueurs
Gagné pour vous nourrir un pain mouillé de pleurs;
Mais fléchir Glocester par une ignominie,
Faire avec lui marché des droits que je renie,
Devenir son sujet, et le plus vil de tous,

(en se relevant.)

Veuve et mère de rois, me le conseillez-vous?

ÉLISABETH.

Jamais le sang d'York n'a pu demander grâce !

Restez, nobles enfans, dignes de votre race;
Gardez cette vertu que je dois admirer;

(en entendant la porte s'ouvrir.)

Je pleure et j'en suis fière!...—On vient nous séparer;
C'est Tyrrel!

SCÈNE X.

Les mêmes, TYRREL.

On doit sentir qu'il sort d'une orgie; le désordre se laisse apercevoir dans sa figure et dans sa démarche; mais il sait se contraindre et conserver de la dignité.

TYRREL, à part en entrant.

Envers moi ta rigueur est étrange,
Sort maudit! sur quelqu'un il faut que je me venge.

(à Élisabeth avec dureté.)

Reine, vous ne pouvez demeurer plus long-temps.
Retirez-vous.

ÉLISABETH.

Si tôt!.

ÉDOUARD.

Encor quelques instans!

TYRREL, de même.

Pas un.

ÉLISABETH.

Quel changement! ce langage m'étonne.

ACTE III, SCÈNE X.

(le montrant aux princes avec terreur.)

Ses traits sont égarés! ses yeux... ah! je frissonne.

TYRREL.

Vous restez devant moi muette de stupeur;
Qu'avez-vous?

ÉLISABETH.

Vos regards...

TYRREL.

Eh bien?

ÉLISABETH.

Ils me font peur.

TYRREL.

Pour qui?

ÉLISABETH.

Pour eux, Tyrrel. Sans doute c'est faiblesse;
Mais pensez au trésor qu'en partant je vous laisse.

TYRREL, s'animant par degrés.

Quoi! me soupçonnez-vous de quelque trahison?

ÉLISABETH.

Vous!

TYRREL.

Pour veiller sur eux j'ai toute ma raison.

ÉLISABETH.

Ne vous offensez pas.

TYRREL.

Tout mon sang-froid, j'espère.

LE DUC D'YORK, bas à la reine.

Parlez-lui de son fils.

ÉLISABETH.

Tyrrel, vous êtes père...

TYRREL.

Pourquoi renouveler ce souvenir affreux ?
Je n'en ai plus de fils, et vous en avez deux.

ÉLISABETH.

(les poussant dans les bras de Tyrrel.)

Que j'aime, que j'adore... — et que je vous confie.

TYRREL.

A moi !... cette terreur, rien ne la justifie.
J'ai reçu votre foi, vous devez la tenir ;
Mais s'il faut vous contraindre à vous en souvenir,
Qu'un autre à vos enfans prête son assistance,

(avec violence.)

Pour moi, j'en fais serment...

ÉLISABETH, effrayée.

Je pars sans résistance...

TYRREL.

N'hésitez plus.

ÉLISABETH.

J'ignore où je dois les revoir :
Laissez-moi les bénir, c'est mon dernier devoir.

(étendant les mains sur la tête de ses fils, qui sont tombés à genoux devant elle.)

Les voilà prosternés sous mes mains, sous mes larmes

Ils peuvent devant toi paraître sans alarmes,
Dieu! quel mal ont-ils fait? Ils iront, si tu veux,
Ces deux êtres si purs, si bons, si malheureux,
Du respect filial ces deux parfaits modèles,
Réunir dans ton sein leurs ames fraternelles;
Mais pour qu'on les chérît toi qui les as formés,
Ne me les ôte pas, ces anges bien-aimés,

(jetant un regard sur Tyrrel.)

Qu'un ami généreux protége leur enfance;
Qu'ils restent sur la terre; et que je les devance,
Quand ils prendront leur vol vers l'asile de paix,
Où la mère et les fils ne se quittent jamais.

(en les embrassant.)

Adieu!

ÉDOUARD.

C'en est donc fait!

ÉLISABETH.

(bas à Édouard.)

Veille bien sur ton frère,

(en se retournant vers Tyrrel, et lui
(bas au duc d'York.)   (montrant les princes.)

Veille sur Édouard! — Ah! redevenez père,
Tyrrel!

TYRREL.

Assez, assez.

ÉLISABETH, à ses enfans.

Je vous laisse avec Dieu.

(serrant son fils aîné dans ses bras.)

Édouard!

LE DUC D'YORK.

Et moi donc!

TYRREL.

Triste spectacle!

ÉLISABETH, après les avoir embrassés tous deux à plusieurs reprises.

Adieu!

SCÈNE XI.

ÉDOUARD, LE DUC D'YORK, TYRREL.

ÉDOUARD, tombant sur le lit.

Peut-être pour toujours.

TYRREL, à Édouard, tandis que Richard, comme frappé d'une idée, s'approche de la table où sont les livres.

Milord! la nuit s'avance;
Demandez au sommeil l'oubli de la souffrance.
A votre âge il vient vite, et vous le combattez;
Par des nuits sans repos vos maux sont irrités.

ÉDOUARD.

Je succombe, il est vrai, sous leur poids qui m'accable,
Mais ils viennent du cœur.

ACTE III, SCÈNE XI.

TYRREL.

Je me croirais coupable,
Si je ne vous forçais à suivre mon conseil.

ÉDOUARD.

Que j'aurai de plaisir à revoir le soleil!

LE DUC D'YORK, qui, en levant le fermoir d'une bible, en a fait tomber une lettre, et met le pied dessus.

Grand Dieu!

TYRREL, se tournant vers lui.

Vous m'entendez; il est trop tard pour lire,
Prince.

LE DUC D'YORK, le livre à la main.

Quel ton sévère! on regarde, on admire,
On ne lit pas, Tyrrel.

TYRREL.

J'y veillerai de près;
Car le régent le veut, et j'en ai l'ordre exprès.

ÉDOUARD.

Devez-vous à la Tour entretenir la reine?

TYRREL, à Édouard.

Je le crois.

ÉDOUARD.

Son amour unit dans cette chaîne
Nos cheveux et les siens.

LE DUC D'YORK, à part.

Pourquoi le retenir?

EDOUARD.

Portez-lui de ses fils ce tendre souvenir.

TYRREL.

Je le promets.

ÉDOUARD, s'apercevant des signes que lui fait son frère, à Tyrrel.

Allez.

TYRREL, à part.

C'est un supplice horrible !

LE DUC D'YORK.

Bonsoir, Tyrrel !

TYRREL, à Richard.

Milord, n'ouvrez pas cette bible,
Ou les livres par moi vous seront refusés;
Je reviendrai bientôt voir si vous reposez.

SCÈNE XII.

LE DUC D'YORK, ÉDOUARD.

LE DUC D'YORK.

Une lettre ! une lettre !

ÉDOUARD.

O bonheur !

LE DUC D'YORK.

Viens l'entendre.

ÉDOUARD.

De qui ?

LE DUC D'YORK, regardant la signature.

De Buckingham.

ÉDOUARD.

Que peut-il nous apprendre?

LE DUC D'YORK.

Tu vas le savoir.

ÉDOUARD.

Lis.

LE DUC D'YORK.

« Chers princes,

« Vous avez encore dans votre ville de Londres des
« cœurs dévoués à votre cause : l'archevêque d'York,
« qui doit vous faire passer ce billet, quelques an-
« ciens serviteurs de votre père, et moi, le plus zélé
« de tous. Le peuple est pour vous; j'ai des intelli-
« gences à la Tour, et j'espère vous délivrer à force
« ouverte. Ne quittez point vos vêtemens, pour être
« toujours prêts au premier signal. Profitez de l'avis
« que je vais vous donner; car de votre fidélité à le
« suivre dépendent peut-être et votre vie et le succès
« de l'entreprise : au moment... »

ÉDOUARD.

On vient.

(Richard cache la lettre dans son sein.)

SCÈNE XIII.

Les mêmes, TYRREL.

TYRREL, à part.

Si je les vois,

(aux princes.)

Je ne pourrai jamais... —Quoi! debout?... Cette fois
Je me lasse, milords.

ÉDOUARD.

Que voulez-vous donc faire?

TYRREL.

User d'une rigueur qui devient nécessaire.

ÉDOUARD.

Laissez-nous ce flambeau.

TYRREL.

Non.

ÉDOUARD.

Un seul moment!

TYRREL.

Non:

Qu'en avez-vous besoin pour dormir?

LE DUC D'YORK, passant ses bras autour du cou de Tyrrel.

Ah! sois bon,
Pense que c'est Tomy qui t'implore.

ACTE III, SCÈNE XIII.

TYRREL, près de s'attendrir.

Il m'en coûte;
Mais...

ÉDOUARD, impatienté.

Tyrrel, je le veux.

TYRREL.

Vous le voulez!

ÉDOUARD.

Sans doute.

TYRREL.

Le régent donne seul des ordres absolus.

(emportant la lumière.)

Je ne fus que trop faible et je ne le suis plus.

LE DUC D'YORK.

Méchant!

TYRREL, à part.

Sa volonté m'a rendu mon audace.

LE DUC D'YORK.

Ne me demande pas qu'au réveil je t'embrasse.

TYRREL.

Au réveil!... ah! sortons. Dormez, milords, dormez.

SCÈNE XIV.

ÉDOUARD, LE DUC D'YORK, dans les ténèbres.

ÉDOUARD.

Cœur sans pitié ! par lui nous n'étions pas aimés.
LE DUC D'YORK.
Je le déteste aussi.
ÉDOUARD.
D'une joie imprévue
Passer au désespoir !
LE DUC D'YORK.
Billet cruel ! ma vue
S'y reporte dans l'ombre, et l'interroge en vain.
ÉDOUARD.
Quoi ! tenir son salut, le sentir dans sa main...
LE DUC D'YORK.
Et mourir !
ÉDOUARD.
Et penser qu'elle viendra peut-être,
En murmurant deux noms, s'asseoir sous la fenêtre !
Ils n'y répondront plus ceux qui les ont portés ;
Ils ne la verront plus, même aux pâles clartés
De l'astre qui ce soir...

LE DUC D'YORK.

Attends! le ciel m'inspire :
J'y songe!...

(Il court vers une des croisées, en tire les rideaux, qui laissent tout à coup pénétrer les rayons de la lune dans l'appartement.)

ÉDOUARD.

Que fais-tu?

LE DUC D'YORK.

Dieu, si je pouvais lire!

ÉDOUARD.

Eh bien?

LE DUC D'YORK.

Tout est confus.

ÉDOUARD.

Donne, donne.

LE DUC D'YORK.

Un instant!

ÉDOUARD, prenant la lettre.

Mais je le pourrai, moi; je le désire tant!
Richard, écoute :

« ... dépendent peut-être et votre vie et le succès
« de l'entreprise.

LE DUC D'YORK.

Après?

ÉDOUARD.

« Au moment de l'attaque, montrez-vous aux fenêtres
« de la Tour; tendez les bras vers le peuple pour ex-
« citer son enthousiasme...

LE DUC D'YORK.

Bien!

ÉDOUARD.

« et pour qu'on n'ose rien tenter contre vous sous ses
« yeux pendant la lutte qui doit s'engager...

LE DUC D'YORK.

Mais le jour? mais l'heure?

ÉDOUARD.

Laisse-moi donc finir.

« Nos mesures sont prises pour demain ou pour le
« jour suivant; c'est encore incertain. Au reste, la
« veille, dans la soirée, vous entendrez sous vos fe-
« nêtres le vieil air national des Anglais, qui sera le
« signal de votre délivrance prochaine. Espérez, chers
« princes, et Dieu sauve le roi!

« Buckingham. »

LE DUC D'YORK, se jetant dans les bras d'Édouard.

Dieu ne veut pas qu'il meure :
Il te protégera.

ACTE IV, SCÈNE XIV.

ÉDOUARD.

Le signal convenu,

Qu'il tarde!

LE DUC D'YORK.

Jusqu'à nous aucun bruit n'est venu.

ÉDOUARD.

Hélas! non! l'entreprise est peut-être ajournée.

LE DUC D'YORK, gaiement.

A la Tour, s'il le faut, encore une journée!
Nous la supporterons. Mais, plus calme à présent,
Goûte enfin les douceurs d'un sommeil bienfaisant.

ÉDOUARD.

(après s'être étendu sur le lit.)

J'en ai besoin. — Et toi?

LE DUC D'YORK.

Tu veux donc que je vienne?

ÉDOUARD.

Si je ne sens ta main reposer dans la mienne,
Je craindrai pour ta vie.

LE DUC D'YORK.

En vain j'attends.

ÉDOUARD, qui s'assoupit.

Eh bien?

LE DUC D'YORK.

C'est retardé d'un jour; non rien... je n'entends rien;

Mais, quand je devrais prendre une peine inutile,

(s'approchant du lit.)

Veillons jusqu'au matin. — Me voici, sois tranquille.
Point de réponse !... il a tant souffert aujourd'hui !
Doucement, doucement plaçons-nous près de lui ;
Un baiser sur son front, mais sans qu'il se réveille.
Dors : je suis sûr de moi ; je prêterai l'oreille,
J'aurai les yeux ouverts... Réunis tous les trois,
Chaque jour nouveaux jeux! nous n'aurons que le choix.

(On aperçoit la lueur d'une torche à travers l'ouverture grillée de la porte du fond.)

Windsor nous reverra courant sur sa prairie :
Ma première caresse à toi, mère chérie !

(dans ce moment l'air du *God save the King!* se fait entendre sous la fenêtre.)

LE DUC D'YORK, qui s'est élancé de sa place pour écouter, revient en criant avec un transport de joie.

C'est le signal, mon frère, et nous sommes sauvés !
Sauvés, mon Édouard !

ÉDOUARD, se levant.

Ah ! ma mère !

(La porte s'ouvre tout à coup pendant qu'ils se tiennent embrassés.)

SCÈNE XV.

ÉDOUARD, LE DUC D'YORK, GLOCESTER, TYRREL, DIGHTON, FORREST.

GLOCESTER, malgré les gestes supplians de Tyrrel, faisant signe à Dighton et à Forrest.

Achevez.

(Les deux assassins courent vers les enfans, qui se renversent sur le lit en poussant un cri horrible. La toile tombe.)

L'air du *God save the King!* est de beaucoup postérieur à cette époque; mais il est tellement de situation, qu'on nous pardonnera sans doute cet anachronisme musical.

(*Note de l'auteur.*)

FIN DES ENFANS D'ÉDOUARD.

EXAMEN CRITIQUE

DES

ENFANS D'ÉDOUARD.

Cette tragédie n'est que le développement d'un des innombrables épisodes dont se compose le *Richard III* de Shakspeare. Dans aucun autre de ses ouvrages, le poète anglais n'a usé plus largement de tous les priviléges de la liberté dramatique. Sa pièce est un résumé historique de quatorze ans. On y voit figurer quatre rois, Édouard IV, Édouard V, Richard III et Henri VII, sans compter Henri VI, dont les funérailles ouvrent la scène; plus quatre reines, mères, filles ou veuves de rois; plus les trois oncles du jeune Édouard et ses deux frères utérins; plus des lords en assez grand nombre pour former une chambre des pairs au petit pied, un archevêque, un évêque, deux prêtres, des assassins, des bourgeois, des spectres en chair et en os, parlant tout aussi fort que des personnes vivantes, et, pour compléter cet ensemble, deux armées en présence, deux armées dont les chefs ont leurs tentes à quinze pieds l'une de l'autre.

Ainsi s'explique la facilité avec laquelle, au milieu d'une mêlée épouvantable, Richard III se rencontre tête à tête avec Henri, et expie enfin par une mort trop tardive et trop honorable cette longue série d'assassinats qui lui ont ouvert jusqu'au trône un chemin sanglant. Le spectateur, comme l'on voit, a eu le temps de les suivre pas à pas. C'est une route qui ressemble à ces voies romaines dont les deux côtés ne sont décorés que de tombeaux et d'urnes cinéraires. Il y a des voyageurs que ce spectacle amuse; ne leur envions pas leurs jouissances.

Le goût de M. Casimir Delavigne est sûr, et le poète français connaît son public. Il s'est bien gardé de le promener pendant quatorze ans, ou, ce qui est encore pis, pendant trois heures, dans ce labyrinthe de crimes et d'horreurs. Il s'est rappelé que

Souvent trop d'abondance appauvrit la matière,

et que si l'esprit peut s'attacher sans répugnance à l'image d'un évènement pathétique et terrible, il repousse avec dégoût le spectacle trop multiplié de scènes d'une froide et uniforme atrocité. Dans l'interminable galerie de Shakspeare, il n'a choisi qu'un seul fait : il *l'a ménagé avec art*. En le reproduisant, sans le copier, il lui a donné de justes et régulières proportions; il l'a orné de riches accessoires; il a prouvé enfin que, par le naturel et les grâces du style, par ce secret aujourd'hui si méconnu de prolonger une situation sans l'affaiblir, de la suspendre sans la ralentir, de la conduire à son dénouement sans la tordre et sans lui faire violence, il était possible d'obtenir du spectateur une attention plus vive, et, littérairement parlant, plus honorable que cet intérêt de simple curiosité qui n'exige rien de l'art, et qui se contente d'une longue accumulation de faits ou de souvenirs historiques.

Dans *Richard III*, Henri VI et son fils Édouard ont été poignardés dans leur prison par l'usurpateur; le duc de Clarence, frère de Richard, a été noyé par ses ordres dans un tonneau de Malvoisie; Rivers, lord Gray, frère et fils de la reine, sir Vaughan, l'un de ses plus ardens défenseurs, ont reçu la mort dans les cachots de Ponfrect; lord Hastings, lord Buckingham, ont eu la tête tranchée sur un échafaud. On connaît la destinée des deux fils d'Édouard IV; la femme de Richard, lady Anne, est empoisonnée par son mari. Voilà le résumé de toutes les gentillesses que les enthousiastes de Shakspeare s'efforcent de proposer pour modèles à l'imitation de nos poètes; et, nous devons en convenir, ils ont été quelquefois crus sur parole. Il semblait que plusieurs de nos écrivains avaient pris au sérieux la grotesque exclamation d'Harpagon : « Allons vite, des commissaires, des archers,

« des prévôts, des juges, des geôles, des potences, « des bourreaux ! je veux faire pendre tout le « monde. » Tout cela a réussi pendant trois mois, mais sans faire retrouver, ou, pour mieux dire, sans remplir leur cassette. Vous verrez que, pour n'être pas obligés de se pendre eux-mêmes, ils en reviendront tôt ou tard au goût français. C'est là qu'est la mine inépuisable, c'est là seulement que la fortune et la gloire les attendent.

Ce n'est pas en vain que la mythologie a armé Melpomène d'un poignard à deux tranchans, et l'on convient que la tragédie se nourrit de crimes; mais est-ce une raison pour qu'elle s'en assouvisse jusqu'au dégoût? Certes, il y en avait pour elle une riche et abondante matière dans le massacre de deux jeunes princes, vertueux, innocens, unis par les liens d'une douce et touchante fraternité, élevés ensemble sous les ailes d'une mère adorée, et arrachés aux douces illusions de la gloire et de la puissance par une ambitieuse barbarie. C'est là, ce nous semble, un horizon assez vaste pour que l'imagination du poète s'y joue en pleine liberté : y a-t-il lieu à la terreur? qui oserait le nier? Ne voit-on pas d'avance les tristes et aimables victimes, placées immobiles sous le regard magnétique du tigre qui n'épie que le moment favorable de les mettre en pièces avec plus de sécurité? N'entendez-vous pas les rugissemens du monstre qui rôde autour de sa double proie? Ne suivez-vous pas ses mouvemens tortueux et convulsifs, et n'êtes-vous pas épouvanté de cette soif de sang qui étincelle dans ses yeux, qui fait froncer ses épais sourcils, qui se trahit par le craquement de ses dents? Y a-t-il terreur? Oh! oui, sans doute. Quoi de plus terrible en effet que cette lutte du crime tout puissant, tout hérissé de fer, contre deux enfans uniquement protégés par les grâces de leur figure, par l'innocence de leur âge, par la sainteté de leurs droits? Dans un pareil combat, dont l'issue ne peut malheureusement être douteuse, il n'y a d'égale à la terreur que la pitié; pitié pour les fils, pitié pour la mère, pitié pour l'Angleterre, que l'exécrable Richard doit encore écraser pendant quatre ans du poids de son usurpation.

Mais, pour que la catastrophe réponde par sa durée aux dimensions ordinaires de la tragédie, qu'aura à faire le poète? Fiez-vous-en à M. C. Delavigne; il saura bien trouver dans le caractère des individus dont il entoure ses deux principaux personnages, le moyen de remplir le cadre de son drame, et d'amener, sans secousse et sans fatigue, l'action toujours variée, toujours une, toujours attachante, jusqu'aux termes de son déplorable dénouement. Après la représentation ou la lecture, on connaîtra Richard III tout aussi bien qu'on a pu le connaître dans Shakspeare. On le verra faux, dissimulé, cruel, habile toutefois jusqu'à tromper la vigilance ombrageuse d'une mère, et la religion des prélats, et la complicité intéressée de ses propres courtisans, et jusqu'à la scélératesse du principal ministre de ses fureurs. Vous le retrouverez tout entier dans sa difformité physique et morale, tel que l'a représenté la véridique histoire, et non tel qu'il a plu à son apologiste Horace Walpole de le falsifier, apparemment pour le plus grand intérêt de l'humanité et de la vertu. Oh! si les sophistes pouvaient savoir quel mal ils font aux hommes en essayant de réhabiliter la mémoire des tyrans! Bel encouragement aux vertus politiques des maîtres du monde, que de revenir ainsi sur la condamnation des brigands couronnés qui ont ensanglanté le pouvoir et déshonoré la pourpre royale! Comme il est utile, comme il est exemplaire de leur apprendre que, condamnés par leur conscience, par la voix ou par le silence des contemporains, ils trouveront un jour, dans la postérité, des vengeurs complaisans qui érigeront leurs crimes en problème, et qui calomnieront vingt, trente, cent générations, pour se donner le plaisir d'absoudre, de leur autorité privée, l'homme dont le nom est devenu

Aux plus cruels tyrans une cruelle injure!

Revenons à la tragédie dont cette digression ne

nous a pas beaucoup éloignés. Il était question de la fidélité avec laquelle le poète avait conservé le caractère historique de Richard. En effet, le plan de l'usurpateur est arrêté : les deux fils d'Édouard seront d'abord, par ruse ou par violence, amenés à la Tour. Là, sequestrés de leurs partisans, il en disposera à son gré. Il entre ; il interrompt les jeux enfantins du plus jeune des fils d'Élisabeth; et voyez la duplicité de Richard, qui s'étend avec un plaisir hypocrite sur les hommages et les honneurs dont les fidèles Anglais accueillent le retour du roi à Londres;

>Moi, son humble sujet,
>Heureux de ces transports dont je chéris l'objet,
>J'arrive, et des douleurs je trouve ici l'image!
>Tant d'attraits sont voilés des ombres du veuvage.
>Que ce front, pour un jour affranchi de son deuil,
>Rayonne, heureuse mère, et d'ivresse et d'orgueil.

L'infame! et c'est à une mère qu'il s'adresse ; à une mère autour de laquelle il va épaissir les ombres de ce deuil conjugal qu'il a l'air de lui reprocher; une mère que, s'il est permis de créer une double expression qui manque à notre langue, il va rendre, dans quelques heures, *veuve et orpheline* de ses deux enfans !

Dans cette scène digne, non pas d'être lue,

mais d'être étudiée, il y a deux traits empruntés à Shakspeare, dont l'un paraîtra sans doute plus heureux que l'autre. A la suite d'un sarcasme très piquant lancé par le petit duc d'York à son oncle, Richard le quitte brusquement

> A revoir, bon neveu !
> (à part.)
> Quand ils ont tant d'esprit, les enfans vivent peu.

Cela est bien ; l'ame, les desseins sinistres de Richard s'y dévoilent; et le dernier vers fait frissonner. Quant à l'autre proverbe :

> Mauvaise herbe est précoce et croit avant le temps,

on le jugera peut-être peu en harmonie avec la dissimulation dont use Richard dans tout le reste de la scène, et avec les convenances, puisqu'il parle au frère du roi, en présence de la mère du roi. Il eût mieux valu laisser à Shakspeare le mérite de l'invention ou de l'application.

La scène suivante où Richard, au nom de prétendus conjurés qui n'existent pas, veut amener la reine à confesser publiquement la honte, l'opprobre du royal époux qui l'a couronnée, n'est pas moins remarquable d'adresse et de perfidie, et elle provoque une réponse admirable d'Élisabeth, admirable de sentiment, d'éloquence, de pathétique et de poésie. Il n'est personne qui, après l'avoir lue, ne s'écrie avec plus de sincérité que Richard :

> Vertu! que c'est bien là ton sublime langage!

Richard, il est vrai, ajoute :

> Mais croyez qu'avant vous, si la lutte s'engage,
> J'irai leur faire affront de leurs propres noirceurs,
> Reine, et vous m'oubliez parmi vos défenseurs.

Abominable hypocrisie! protestations décevantes de service et de dévouement! Et cependant la tendresse maternelle elle-même y est trompée. Ah! c'est qu'il est un degré de fausseté et d'imposture qu'une ame pure ne peut soupçonner. Britannicus refuse de croire à la trahison de Narcisse. Placée en dehors de la trame, Junie éclairée par l'amour, comme ici le duc d'York par la tendresse fraternelle, en reconnaît et en démêle seul la noirceur. Quoi donc! l'amour maternel est-il moins craintif, se tiendrait-il moins sur ses gardes que les passions et les sentimens de l'adolescence? Non, sans doute; mais Élisabeth mêle à ses plus vives affections les raisonnemens de la politique et les calculs de l'intérêt personnel de Richard. Elle compte ses amis, elle s'appuie sur des droits dont elle s'exagère facilement l'étendue et l'efficacité. La jeunesse agit d'instinct, elle cède à ses premières impressions; elle n'a qu'un guide: c'est son cœur; voilà pourquoi ses prévisions sont souvent plus sûres que celles de l'expérience et de la maturité. Dans le chef-d'œuvre que je viens de citer, Agrippine se laisse facilement duper par les promesses parjures de Néron:

<blockquote>Avec Britannicus je me réconcilie,</blockquote>

dit le monstre, et dans l'acte suivant Britannicus est empoisonné. Junie seule a persévéré dans ses tristes pressentimens. Voilà la nature, voilà Racine; voilà aussi M. Casimir Delavigne.

Les autres personnages des *Enfans d'Édouard* ne sont ni moins exacts, ni moins conformes aux mœurs de l'époque, telles qu'elles ont été si fidèlement retracées par Shakspeare. Le fond du caractère de Buckingham est tiré du poète anglais, ainsi que celui de Tyrrel. Mais M. Casimir Delavigne s'est trouvé dans l'heureuse nécessité de leur donner à l'un et à l'autre un plus grand développement. C'est au lecteur à juger lequel est le plus facile d'atteindre aux proportions d'une tragédie par l'accumulation des incidens, ou par la peinture savante des passions du cœur humain.

Buckingham est le type de cette aristocratie féodale, qui, du haut de ses tours crénelées, écrasait de ses mépris et de ses violences la classe utile et laborieuse de la société. Dévouée à la tyrannie sous la condition de partager exclusivement avec elle le fruit de ses vengeances et de ses rapines, le sang plébéien est trop vil à ses yeux pour qu'elle éprouve le plus léger remords à le répandre. S'il s'agit de verser celui des siens ailleurs que sur le champ de bataille, elle hésite, elle résiste, elle conspire même. Elle comprend qu'il y a solidarité entre tous les membres de son orgueilleuse agrégation. Montesquieu observe que la noblesse d'Angleterre se fit ensevelir sous les débris du trône de Charles Ier. Un siècle et demi plus tard, on a vu un roi populaire abandonné par une autre noblesse, mal défendu là où il n'était point attaqué, expier par une catastrophe non moins tragique le tort irréparable d'avoir embrassé avec prédilection les intérêts du plus grand nombre, d'avoir montré des intentions bienveillantes pour la partie plébéienne de sa nation, c'est-à-dire pour sa nation elle-même.

Buckingham a du moins sur cet article le mérite de la franchise.

> Mon horreur pour le peuple est chose assez notoire,
> Tout ce qui n'est pas nous, me dégoûte à l'excès!

Aussi avec quelle légèreté ironique il traite le

maire et les aldermen, et les commerçans de la
Cité! Un critique aussi éclairé que bienveillant a
blâmé ce morceau, tout en rendant justice au mérite
du style et à l'esprit satirique dont il étincelle. Cette
observation serait juste, si la tirade censurée était
un hors-d'œuvre, s'il n'en ressortait pas un trait
de caractère et une observation morale qui trouve
tous les jours son application. M. Casimir Delavigne a voulu rappeler que les grands ne flattent
les petits que pour les faire servir à leurs projets,
et s'en moquer ensuite. N'oublions pas d'ailleurs
que Buckingham est en tête à tête avec Richard;
l'homme de son siècle qui, si l'on s'en rapporte à
Shakspeare, affichait le plus profond mépris pour
le peuple.

Ce Buckingham a donc versé sans scrupule le
sang de Rivers, et toutefois il recule à la proposition de consommer son ouvrage par le meurtre
des deux fils d'Édouard. Est-ce humanité? est-ce
sympathie pour leur âge, pour leur innocence,
pour la dignité royale? Nullement. C'est que les
droits de la royauté *sont les garans des droits de la
noblesse.*

<blockquote>Les deux princes, c'est nous : qui les touche nous blesse.</blockquote>

Il est royaliste par égoïsme, par communauté
d'intérêts; le sentiment n'entre pour rien dans sa
résistance. Il abandonne donc Richard, et Richard

lui fait pressentir assez clairement la récompense qui lui est destinée.

> Le jour où, quand je marche, on me laisse en chemin,
> Ce jour, pour mon ami, n'a pas de lendemain.

Et il est homme de parole cet excellent Richard. Tyrrel reçoit l'ordre quelques instans après d'assassiner Buckingham, et s'il l'exécute assez maladroitement, le noble duc ne perdra rien pour attendre. Shakspeare nous le fait voir marchant à l'échafaud dans la compagnie d'Hastings, autre lord retardataire. M. Casimir Delavigne a épargné à notre délicatesse le spectacle du bourreau, et il a fait d'autant plus sagement qu'en cela il a suivi également les règles du goût et celles de la vérité historique. Buckingham fut en effet décapité par l'ordre de Richard, mais deux années s'étaient écoulées depuis le meurtre des enfans d'Édouard.

On a reproché à Tyrrel de ne pas être d'accord avec lui-même. Ce serait une faute très grave, et M. Casimir Delavigne n'est pas homme à s'en permettre de cette nature. Il connaît bien son Horace, et ce serait pour la première fois qu'il aurait oublié le précepte :

> Servetur ad imum
> Qualis ab incœpto processerit, et sibi constet.

Malgré le dévergondage de sa conduite passée ;

en dépit de sa cupidité insatiable, de ses habitudes de jeu, d'ivrognerie, de meurtre, cet homme vendu corps et ame à Richard, ce misérable qui déjà, sur un signe du tyran, a tenté d'assassiner Buckingham, éprouve un retour de sensibilité au moment de frapper deux enfans dont l'âge et les graces lui rappellent un fils unique enlevé à sa tendresse. M. Casimir Delavigne a parfaitement saisi la nuance qui sépare d'un monstre, d'un franc et froid scélérat tel que Richard, un détestable sujet, sans doute, un être que le malheur et l'inconduite ont porté à désespérer de lui-même; qui repousse la société parce qu'il en est universellement repoussé; mais qui jette encore un regard douloureux vers cette *île escarpée et sans bords* qu'une première faute peut-être lui a fait quitter, et dans laquelle il lui est désormais impossible de rentrer. Dans une pareille position, l'amour paternel a pu survivre et a survécu, en effet, à toutes les vertus; cet amour s'est réfléchi, en quelque sorte, sur ces malheureux enfans dont il voudrait être le père, dont il est condamné à être l'assassin. C'est comme cela, du moins, que M. Casimir Delavigne m'a paru avoir conçu le rôle de Tyrrel; et, pris de ce point de vue, on peut dire que ce personnage a quelque chose de grand et d'original; c'est un ange déchu, dans l'ame et sur le front duquel n'est pas encore totalement effacée l'empreinte de sa splendeur primitive.

Shakspeare, qui n'a fait qu'effleurer comme en passant le caractère de Tyrrel, si profondément creusé par M. Casimir Delavigne; Shakspeare, dis-je, n'a pas craint de mettre dans sa bouche un récit touchant de la mort des jeunes princes. On peut lire ce récit à la première page de la tragédie française. L'homme qui, parlant de Forrest, s'écrie : « Le scélérat ! » n'était pas né pour devenir lui-même un modèle de scélératesse.

Après avoir répondu à quelques reproches, que reste-t-il à faire à la critique? Louer le style, faire remarquer la suite non interrompue de l'action, sa marche rapide, l'observation sévère des règles, et établir, par cet exemple, la compatibilité tant contestée de ces règles avec les plus beaux effets de la scène tragique, ce serait se répéter en pure perte, et reproduire avec quelques variantes les jugemens déjà publiés sur les ouvrages antérieurs de M. Casimir Delavigne. C'est à peine si certains chicaneurs s'aperçoivent qu'il s'est écoulé trois jours entre l'arrivée des princes à la Tour et leur mort. Faisons-en néanmoins l'observation pour l'acquit de notre conscience, et pour qu'on ne nous accuse pas d'avoir volontairement passé sous silence cette grave infraction au précepte d'Aristote, d'Horace, et de *monsieur* Despréaux.

La pièce est dédiée à Paul Delaroche. Cette

dédicace est l'acquit d'une dette de justice, autant qu'un tribut d'amitié. Un beau tableau a dû inspirer un beau poème,

Ut pictura, poesis.

TABLE DES MATIÈRES

CONTENUES DANS CE VOLUME.

Louis XI, tragédie. . . . . Page   1
Examen critique de Louis XI, par M. Duviquet. 217
Les Enfans d'Édouard, tragédie. 251
Examen critique des Enfans d'Édouard. 597

FIN DE LA TABLE.

MÉDAILLE

EN BRONZE

REPRÉSENTANT

LES DEUX FIGURES DE LA COLONNE

DE LA PLACE VENDÔME.

Prix : 10 francs.

M. Brenet, graveur de Médailles, vient de terminer et publie en ce moment une Médaille de 25 lignes représentant : d'un côté la figure de Napoléon telle qu'elle fut placée sur la colonne en 1810, de l'autre la nouvelle figure placée en 1833.

Cette Médaille, d'une grande dimension et d'un travail remarquable, ne laisse rien à désirer comme exécution; d'ailleurs, le talent bien connu de M. Brenet, auteur d'une grande partie de la belle collection numismatique de l'Empire *, est un sûr garant de la

---

* Cette collection, commencée en 1815 sous la direction du célèbre Denon et reprise depuis la révolution de 1830, est maintenant achevée; les Médailles qui la composent, et qui sont au nombre de 15, se vendent aux adresses ci-après.

perfection apportée à celle-ci. Nous engageons beaucoup nos souscripteurs à faire l'acquisition d'une Médaille qui à elle seule est toute une histoire, en ce qu'elle nous rappelle les deux extrémités politiques de la vie du grand homme.

M. Brenet est en outre l'auteur de la réduction en bronze au 24e de la colonne de la place Vendôme ; comme telle, elle a encore 5 pieds 7 pouces de hauteur, non compris la statue de Napoléon qui couronne majestueusement l'édifice triomphal.

Cet ouvrage, très remarquable sous tous les rapports, et qui a occupé son auteur pendant près de quinze années, est exposé au musée de la Monnaie, et dans les superbes magasins de M. Ledure, rue Vivienne, n° 2, où il se vend.

La Médaille se trouve :
A LA MONNAIE DES MÉDAILLES,

ET CHEZ FURNE,

ÉDITEUR DE L'HISTOIRE DE NAPOLÉON PAR NORVINS,

QUAI DES AUGUSTINS, N° 59.

— IMPRIMERIE DE H. FOURNIER, RUE DE SEINE, N. 14.—

www.ingramcontent.com/pod-product-compliance
Lightning Source LLC
Chambersburg PA
CBHW070926230426
43666CB00011B/2328